돈이 되는
주식을 사라

돈이 되는 주식을 사라

2022년 1월 27일 초판 1쇄 인쇄
2022년 2월 3일 초판 1쇄 발행

지은이 | 최진권
펴낸이 | 이종춘
펴낸곳 | (주)첨단

주소 | 서울시 마포구 양화로 127 (서교동) 첨단빌딩 3층
전화 | 02-338-9151
팩스 | 02-338-9155
인터넷 홈페이지 | www.goldenowl.co.kr
출판등록 | 2000년 2월 15일 제2000-00003호

본부장 | 홍종훈
편집 | 전용준, 홍종훈
전략마케팅 | 구본철, 차정욱, 나진호, 이동후, 강호묵
제작 | 김유석
경영지원 | 윤정희, 이금선, 최미숙

ISBN 978-89-6030-591-5 13320

황금부엉이에서 출간하고 싶은 원고가 있으신가요? 생각해보신 책의 제목(가제), 내용에 대한 소개, 간단한 자기소개, 연락처를 book@goldenowl.co.kr 메일로 보내주세요. 집필하신 원고가 있다면 원고의 일부 또는 전체를 함께 보내주시면 더욱 좋습니다. 책의 집필이 아닌 기획안을 제안해주셔도 좋습니다. 보내주신 분이 저 자신이라는 마음으로 정성을 다해 검토하겠습니다.

돈이 되는 주식을 사라

최진권('최PD TV' 유튜버) 지음

BM 황금부엉이

〈HTS·MTS에 익숙해지는 노하우〉 전자책 다운로드하는 방법

1 책을 구입하고 황금부엉이 그룹사 홈페이지(www.cyber.co.kr → '도서몰' 선택)에 접속한 후 회원 가입을 한다.

2 로그인을 한 후 화면 왼쪽에 있는 '부록CD'를 클릭한다.

3 '부록CD' 화면이 나타나면 목록에서 'HTS·MTS에 익숙해지는 노하우'를 클릭한다.

4 페이지가 열리면 '자료 다운로드 바로가기'를 클릭한다.

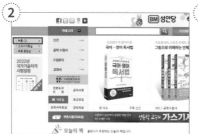

〈일러두기〉

• 이 책에 나오는 투자 관련 내용은 필자의 의견입니다. 투자에 따른 수익 또는 손실은 투자자에게 귀속됩니다.

• 책에 나오는 정보, 숫자는 이후 변동될 수 있습니다. 투자할 경우 변동된 사항을 확인한 후 진행하시기 바랍니다.

왕초보 개미도
주식 투자로 돈을 벌 수 있다!

주식 투자를 처음 했을 때의 기억이 아직도 생생하다. 흔히 말하는 '초심자의 행운'이 필자에게도 찾아왔는지 결과가 좋게 나오자 너무 쉽게 '주식이 생각만큼 어렵지 않네, 쉽게 돈을 벌 수 있겠는데…'라고 생각했다. 그러나 모두의 예상대로 '노력 없는 성공'은 오래 가지 않았다. 하락장이 시작되자 빨간색이던 주식 계좌의 숫자가 파란색으로 바뀌었고 '아, 어떻게 하면 주식 투자로 돈을 벌 수 있을까?'라는 고민을 하는 처지가 됐다.

이내 마음을 가다듬고 주식 공부에 집중했다. 그리고서야 주식 창에만 꽂혀 있던 눈이 시장 전체를 볼 수 있게 됐다.

지난 몇 년간 주가는 바닥인가 싶은 지점에서 더 내려가기도 했고, 박스권에 갇혀 오랫동안 횡보하기도 했으며 천장을 뚫고 날아

오르기도 했다. 특히 2020년에는 코로나19의 대유행으로 수직 하락을 했다가 V자 반등 이후 대상승장이 펼쳐졌다. 그야말로 시장은 롤러코스터 같았는데 그 과정에서 위기와 기회를 반복적으로 보여줬다.

주식 투자 공부를 하면서 시장 전체를 볼 수 있게 되자 '위기가 곧 기회다'라는 말을 이해하게 됐다. '기회를 잡기 위해서는 도전해야 한다'라는 상식은 주식 시장에서도 틀리지 않았다. 그러나 도전한다고 모두가 기회를 잡는 것은 아니다. 모험심보다 더 중요한 것이 있다.

'재미가 있어야 수익이 난다!'

이는 전문 투자자로서 수년을 보내며 얻은 가장 큰 교훈이다. 투자자, 특히 초보 투자자는 "수익이 나야 재미가 있다"라고 이야기한다. 돈을 벌기 위해 투자하는 것이라서 수익이 나지 않으면 재미가 없다는 말이다. 그런데 막상 현실에서는 수익을 내도 만족과 재미가 없는 경우가 허다하다. '공부하지 않는 투자자'에게는 그 정도가 더 크다. 공부하지 않는 투자자는 수익이 나도 왜 나는지, 어떤 원리로 나는지 모르기 때문에 늘 불안하다. 한두 번의 행운이 사라지면 수익을 올리던 계좌도 녹아내리기 일쑤다. 일정 기간 수익을 올릴지는 몰라도 길게 수익을 유지하지는 못할 가능성이 높다.

그래서 수익을 내기 위해서는 재미가 있어야 한다. 무엇보다 주식을 공부하는 시간이 즐거워야 한다. 장기적으로 성공하는 투자를 위해서는 대세를 읽을 수 있어야 하고, 올라갈 종목을 찾아낼 수 있어야 하며 매매 시점도 판단할 수 있어야 한다. 공부하지 않고서는 알 수 없는 것들이다. 결과적으로 주식 공부를 재미있게 할 수 있는 투자자만이 주식 시장에서 수익을 내고 장수할 수 있다.

'코스피가 3,000포인트를 넘었는데 거품은 아닐까요? 지금이라도 들어가야 할까요?'

필자가 운영하는 네이버 카페인 '주식공장'에 최근 몇 달간 가장 많이 올라온 질문이다. 이런 질문에 필자는 항상 '자신의 투자 기술을 먼저 살펴보면서 꾸준히 공부하고 연습하면 어떤 상황에서도 안정적인 수익을 올릴 수 있습니다'라는 댓글을 단다. 그러면 바로 다음과 같은 질문이 따라온다.

'이제 투자를 시작한 주린이(주식과 어린이를 합친 신조어로 주식 투자 초보자를 말함)도 가능할까요?'

물론이다! 필자는 지난 몇 년간 주식 시장에서 이를 실천해서 결과를 만들었다. 그 결과를 만들었던 기법을 '주식 투자의 지름길'이라고 정리해 이 책에 다 담았다.

책을 집필할 때 가장 염두에 두었던 것은 '주린이의 눈높이에서 풀어내자'였다. 그리고 실제 주린이의 입장에서 집필했다고 자부한다. 불과 몇 년 전까지만 해도 필자 역시 주린이였기 때문에 가능한 집필이었다. 주린이 시절에 '들어도 이해하지 못했던' 내용과 '궁금했지만 차마 물어보지 못했던' 내용을 포함해 수백 번의 실전 투자 경험을 통해 수익 낸 기법을 정리해 담았다. 그러면서도 최대한 장광설(長廣舌, 장황하게 늘어놓는 말)을 배제하고 바로 실전에서 사용할 수 있는 핵심적인 내용만 전달하려고 노력했다.

이 책의 내용은 총 5장으로 구성되어 있다. 차례에서 필요한 내용을 찾아 먼저 읽어도 무방한데 초보자일수록 처음부터 끝까지 순서대로 읽으면서 이해하기를 바란다. 우선 투자자의 마인드는 어떠해야 하는지, 실전 투자의 기초가 되는 용어는 무엇이 있는지를 알려준 다음에 투자의 기술을 익혀나갈 수 있도록 구성했다. 차근차근 읽다 보면 낯설게 느껴졌던 차트 속 세상을 속속들이 이해할 수 있게 될 것이다.

1장에는 주식 투자자에게 필요한 멘탈 관리에 대해 담았다. 가장 앞에 배치한 것은 그만큼 중요하기 때문이다. 주식 투자는 흔히 멘탈 게임이라고 한다. 주식 시장에는 항상 '사고자 하는 욕망'과 '팔고자 하는 욕망'이 대치한다. 그래서 자칫 조급함과 공포감에 사로잡혀 실수하기가 쉽다. 이런 실수를 하지 않기 위해서는 자신만의 기준과 원칙을 세우고 지키는 것을 철칙으로 삼아야 한다. 한 달, 일년이 아닌 오랜 기간 시장에서 살아남기 위해 반드시 숙지해야 하는 내용을 담았다.

2장에서는 주린이가 꼭 알아야 할 '기초 용어'를 소개했다. 한 분야의 전문가가 되기 위해서는 해당 분야의 언어(용어)를 이해하고 사용할 수 있어야 한다. 주식 투자를 하기 전에 이 용어부터 익히기를 권한다. 용어를 정확히 알고 있으면 매매 과정에서 쉽고 빠르게 판단하는 데 큰 도움이 된다.

3장에는 주식 투자자라면 꼭 알아야 하는 '차트'에 대한 내용을 담았다. 차트는 무엇이고, 차트를 보고 무엇을 파악해야 하는지 등을 주린이의 눈높이에서 설명했다. 캔들, 거래량, 이동평균선 등 주린이가 가장 많이 궁금해하는 다양한 정보를 담았으니 투자 방향을 정하는 데 큰 도움이 될 것이다.

4장에서는 잃지 않는 주식 투자를 위해 반드시 확인해야 하는 '매매 체크 리스트'를 소개했다. 앞의 1~3장이 다소 이론적인 내용이었다면, 4장부터는 본격적으로 실전 매매에서 활용할 수 있는 기술을 담았다. 실전에서 직면하게 되는 상황과 대처법을 다양한 차트를 통해 알려준다. 시장에 대응하는 빠른 판단력을 기를 수 있을 것이다.

5장에는 앞서 소개한 주식 투자에 대한 모든 내용을 '매매 기법' 중심으로 총정리해 담았다. 세부적으로는 이동평균선 매매, 급등주 매매, 스윙 매매, 패턴 매매 등 4가지로 분류했다. 자신에게 맞는 매매 기법을 확인하고 익힌다면 '재미가 있어야 수익이 난다'라는 필자의 명제를 이해할 수 있을 것이다. 5장에서 소개된 매매 기법을 활용하면 주린이도 실전에서 어렵지 않게 수익을 낼 수 있으리라 확신한다.

흔히들 주식 투자를 마라톤에 비유한다. 일희일비(一喜一悲)는 주식 투자에서 반드시 지양해야 하는 태도라고도 한다. 필자는 여기에 주식 투자는 일상의 작은 행복이 되어야 한다고 덧붙이고 싶다. 그러기 위해서는 무엇보다 '자신만의 기준과 원칙'을 세우는 것이 중요하다. 아주 거창한 것이 아니어도 좋다. '잃지 않는 매매'를 할

책을 시작하며

때까지 투자에 임하는 자세, 투자에 활용하는 기법 등 자신만의 기준과 원칙을 만들고 훈련해야 한다. 물론 공부와 훈련을 하는 중에는 힘든 시기가 올 수 있다. 그러나 기준과 원칙을 만든 다음, 어려운 상황에서도 포기하지 않고 계속한다면 누구라도 주식을 통해 일상의 작은 행복을 얻을 수 있을 것이다.

이 책을 쓰는 지난 수개월 동안은 부담감과 책임감에 압도되던 시간이었다. 그러나 한편으로는 즐겁고 행복하기도 했다. 필자의 이러한 감정들이 이 책을 통해 독자 여러분에게 고스란히 전달되기를 바란다.

아울러 글을 쓰는 데 도움을 준 고현욱, 전승희, 정재호, 최정윤, 정미혜 님께 감사의 인사를 전한다. 그리고 항상 필자를 믿고 지지해준 가족들에게 고맙다는 인사를 전하고자 한다. 어려운 시기에도 묵묵히 믿고 기다려준 아내 조혜영, 딸 최이안이 없었다면 필자 인생의 어떤 성과도 만들 수 없었을 것이다. 항상 감사하고 사랑한다.

차례

5장

실전에서 반드시 수익 내는 매매 기법

1장

주식 투자 전에 멘탈 관리부터 하자

주식 투자에서는 멘탈 관리가 가장 중요하다. 멘탈이 무너지면 '시작부터 지는 게임'이 되기 쉽다. 멘탈 관리에 실패해 욕심과 두려움에 압도되고 시장에서 참패하는 투자자를 많이 봤다.

투자자의 멘탈은 하루아침에 만들어지지 않는다. 기준과 원칙을 세우고 주식 투자의 상황에서 지켜나가는 과정을 끝없이 반복해야 한다.

투자자에게 수익은 명확한 목표지만 결과물에 더 가깝다고 할 수 있다. 멘탈 관리에 성공한 투자자들만이 얻을 수 있는 과실이다. 이를 한시도 잊어서는 안 된다.

01
주식도 준비 운동이
필요하다

이제 막 주식을 시작한 주린이는 왜 공부를 해야 하는지 모르는 경우가 많다. 마치 운동을 처음 시작한 사람이 '굳이 준비 운동을 왜 해야 하지?'라고 반문하는 것과 같다.

준비 운동은 체온을 상승시켜 근육의 수축과 이완을 원활하게 해준다. 이로써 부상을 예방하고 운동의 효과도 높여준다. 주식 투자에서 '공부'도 이와 같은 역할을 한다.

낮은 가격에 사서 높은 가격에 팔아 수익을 내는 것이 주식 투자의 기본 원칙이다. 그러나 "미래 주가는 신도 모른다"라는 말처럼 가격 예측은 쉬운 일이 아니다. 주변의 말만 듣고 무턱대고 주식 투자를 시작했다가 "계좌가 녹아내렸다"고 하소연하는 사람이 많은 것도 이 때문이다.

주변 누군가에게서 "이 주식이 좋다"라는 이야기를 듣게 된다면 "왜 좋은가?"라는 질문을 해야 한다.

흔히 주식 투자는 톱 다운(Top down)과 바텀 업(Bottom up) 방식으로 이뤄진다. 톱 다운 방식은 거시 경제와 산업 분석을 통해 유망한 산업을 찾아낸 다음에 개별 기업을 찾아내 투자하는 하향식 투자 방식이다. 바텀 업 방식은 특정 기업의 내재 가치, 즉 재무 상태나 영업 이익 등을 미시적으로 분석한 후에 투자를 결정하는 상향식 투자 방식이다. 일반적으로 투자자는 현재 시장이 어떻게 돌아가는지 큰 그림을 본 다음, 개별 종목에 대해 분석(수급, 재료 등)을 하고 투자 결정을 내린다.

만일 추천받은 종목이 단기간에 올랐다면 먼저 시장 상황을 살펴보고 개별 종목을 분석한다. 최근의 거래량, 주가 상승을 일으킨 원인 등을 확인했는데 '미래에도 주가가 상승할 것'이라는 확신이 든다면 '달리는 말'에 올라타는 심정으로 투자 결정을 내릴 수 있다. 그러나 '주가가 상승하는 이유'를 확인할 수 없고 '미래 주가 상승'도 확신할 수 없다면 투자해서는 안 된다.

주식 시장은 흔히 롤러코스터에 비유된다. 급락과 급등이 밥 먹듯이 일어나고 예상하지 못했던 상황도 수시로 발생한다. 지나고 나서야 '그래서 주가가 빠졌구나', '그래서 주가가 올랐구나' 하고 원인을 분석할 수 있지만 막상 상황이 벌어지면 우왕좌왕하는 바람에 적절한 대응을 하지 못한다.

초보 투자자에게 주식 공부는 필수다. 준비 운동을 제대로 마친

선수들이 부상 위험 없이 기량을 펼치듯, 주식 공부에 시간과 에너지를 쏟은 투자자만이 수익이라는 성과를 얻을 수 있다.

02
멘탈 관리를 위한
나만의 기준 만들기

'지피지기(知彼知己)면 백전불태(百戰不殆)'라는 말이 있다. 이 말을 주식 투자와 연결해보면, '지피'는 주식을 알아가는 공부, '지기'는 자신의 투자 성향 파악이라고 할 수 있다. 그리고 '백전불태'를 위해서는 자신만의 '투자 기준'을 세우고 지키는 과정이 필요하다.

투자를 망치는 가장 쉬운 길은 '욕심'이 이끄는 대로 가는 것이다. 욕심이 커지면 한 방을 노리게 되고, 오르내림이 큰 종목에 베팅하거나 한두 종목에 몰빵하게 된다. 그러다 가진 것을 다 잃고 나서야 '앞으로 주식 시장은 쳐다도 안 본다'라며 주식 계좌를 닫는다.

욕심에 휘둘리지 않는 가장 좋은 방법은 자신의 투자 성향을 파악하고 이에 맞는 원칙을 세우고 지키는 것이다. 그리고 멘탈 관리의 첫걸음인 '원칙 준수'는 시장에서 장기 투자자로 살아남는 가장 안정적인 방법이라고도 할 수 있다.

원칙을 세우고 지킨다는 것은 어떤 것일까? 그리고 어떻게 하면 되는 것일까? 이에 대해 4가지 포인트로 알아보자.

첫째, 나의 투자 성향을 파악하는 것이다. 자신에게 질문을 해보자. '나는 가치 투자자인가? 아니면 기술적 투자자인가?'

가치 투자란, 기업의 가치를 분석해 지금의 주가가 저평가인지 고평가인지를 판단해 투자하는 형태를 말한다. 대체로 미래에 성장할 기업을 발굴해 장기적으로 접근한다.

대표적인 가치 투자자로 워런 버핏을 꼽을 수 있다. 그는 "주식을 사지 말고, 기업을 사라", "가치 투자란 1달러짜리 물건을 40센트에 사는 것"이라고 말했다.

기업에 대한 분석을 최우선으로 하는 만큼 투자하는 기업의 주가가 미래에 오르리라는 확신이 강하며 안전하다는 장점이 있다. 그 대신 장기 투자인 경우가 대부분이라 단기에 수익을 낼 수 있는 투자처를 놓칠 수 있다는 단점이 있다.

기술적 투자란, 주가나 거래량 등 주식 시장에 나타난 과거의 데이터를 바탕으로 미래 시세를 예측해 투자하는 형태를 말한다. '주가는 수요와 공급의 원리에 의해 결정된다'라는 이론을 배경으로 주로 차트에 나타난 정보들을 분석해 투자를 결정한다. 눈에 보이는 차트 분석을 통해 미래 주가를 예측하므로 직관적인 투자가 가능하다.

기술적 투자를 하는 투자자들은 "차트는 과학이요, 심리요, 예술이다"라고 한다. 주식을 사고파는 투자자의 심리와 의사결정이 모두 가격과 거래량에 반영되어 나타나기 때문이다. 기술적 투자를 할 때는 비교적 단기간 투자를 선호해서 가치 투자에 비해 빠르게 수익이 날 수 있다는 장점이 있다. 하지만 손실 역시 빠르게 날 수 있다는 단점도 있다.

우선 자신이 성향이 가치 투자에 적합한지, 기술적 투자에 적합한지부터 알아야 한다. 각각의 투자 전략은 장단점이 있고 시장 상황에 따른 대응책도 다르다. 자신에게 맞는 투자 전략을 선택해야만 각각의 단점은 보완하고 장점은 배가 시켜 투자 성과를 극대화할 수 있다.

둘째, 매수의 기준을 세워야 한다. 투자자가 매수하는 이유는 주가가 오르리라는 기대 때문이다. 투자자는 거래량, 차트, 재료(뉴스, 공시 등)에서 주가 상승의 신호를 찾는다.

구체적으로 보면, 기술적 투자에서는 호재가 되는 뉴스나 공시가 나고 거래량이 500만 주 이상 올라온 종목은 관심 있게 본다. 차트를 보며 현재 주가가 바닥인지 고점인지를 확인하고, 의미 있는 거래량(전 거래일보다 5배 이상)이 나왔는지, 지지선(더 이상 주가가 내려가지 않을 수준)과 저항선(상승하던 주가가 주춤하게 되는 수준)은 어디인지, 거래량의 변화(거래량이 폭등한 후 감소하는지 등)는 없는지를 확인한다.

그다음으로 재료의 크기를 확인한다. 재료가 트렌드에 부합하는 뉴스라면 재탕 뉴스가 아닌 최초 소식이어야 의미가 있다. 과거에는 어떤 재료로 상승했는지를 확인하는 것도 재료의 크기를 가늠하는 데 도움이 된다.

이상의 기준들을 중심으로 평소에 '이런 신호가 나왔을 때는 매수한다'라는 원칙을 세워두면 호재가 나왔을 때 즉각적인 대응이 가능하다.

셋째, 매도의 기준도 세워야 한다. 초보 투자자 대부분은 보통 매도는 이익을 실현하기 위해서만 한다고 생각한다. 그러나 실전에서는 손실을 최소화하기 위해 매도하는 경우가 적지 않다. 수익과 손실 모두에 대비한 매도의 기준을 세워야 한다. 결론적으로 매도의 핵심은 기준을 정해서 목표가에서 수익을 내고, 손절가에서 손실을 최소화하는 것이라 하겠다.

목표가는 수익 실현을 위한 기준이다. 우선 차트를 통해서 매물대(특정 기간 거래량이 몰리는 구간)의 저항(주가가 특정 가격 이상으로 올라가지 못하는 자리)과 지지(주가가 특정 가격 아래로 내려가지 않는 자리)를 확인한다. 동시에 이동평균선의 저항과 지지를 확인하며 목표가를 정한다.

손절가는 주가가 하락하는 경우 손실이 커지는 것을 막는 기준선이다. 항상 주가가 생각하는 방향으로 움직이지 않을 때를 예상하고 대응책을 마련해둬야 한다. 많은 투자자가 매도를 통해 '손실이 확정되는 것'에 심한 두려움을 느낀다. 그래서 '내버려 두면 언젠가는 오르겠지'라는 마음으로 버티는 경우가 많다. 그러나 두려움 때문에 적정선에서 매도하지 않아 손실이 눈덩이처럼 커버리면 어쩔 수 없이 '존버(끝까지 버틴다)'를 해야 하는 경우까지 생긴다.

초보 투자자일수록 배운다는 생각으로 매도의 기준을 세워 실행해보는 연습이 필요하다. 경험을 통해 자신의 투자 성향에 맞는 기준선을 찾을 수 있을 것이다.

넷째, 예수금 관리를 잘해야 한다. 예수금은 증권 계좌에서 주식 거래에 사용되지 않은 현금을 의미한다. 언제든지 자유롭게 인출이 가능하다.

흔히 '돈이 있어서 안 쓰는 것과 없어서 못 쓰는 것은 천지 차이'라고 한다. 투자에서도 마찬가지다. 예수금이 받쳐주는 상황이라면 손실이 나도 여유롭게 원칙을 지켜갈 수 있지만 예수금이 없는 상황에서는 조급함이 더 크게 다가온다. 일정 정도의 예수금이 유지된다면 대상승장이 시작됐을 때 과감하게 투자할 수도 있다. 특히 시장의 불확실성이 높은 시기라면 예수금 관리에 더욱 집중해야 한다. 일반적으로는 주식과 예수금의 비중을 7대 3으로 갖고 가는 것을 권한다.

처음 투자를 하는 사람도 '초심자의 행운' 덕분에 수익을 낼 수 있지만, 그 행운이 오래 가지 않는 것은 당연한 이치다. 시장에서 수익을 내며 오래 살아남기 위해서는 자신만의 기준을 만들고 이를 지키는 실천이 필요하다. 투자의 원칙을 지키는 것은 욕심을 조절하는 가장 단순한 방법이다.

┤03├
결과론에
휘둘리지 말자

주식 투자자라면 다음과 같은 생각을 한 번 이상 한다.

'아침에 살걸⋯', '오후에 팔걸⋯', '어제 살걸⋯', '팔지 말걸⋯'

주식 투자에서 100% 만족하는 경우는 흔치 않다. 단순히 주가가 조금 오르내리는 수준이면 그나마 낫다.

'그동안 존버 하던 주식이 어제 원금 회복해서 팔았더니 오늘 상한가 갔네.'

'더 갈 줄 알고 기다렸다가 오늘 하한가 맞고 파랭이 됐다.'

후회해도 부질없다는 것을 알면서도 속이 쓰린 일이 수시로 벌어진다. 실제 주식 투자를 하는 사람이라면 수십 번도 더 경험하는 이야기들이다.

주식 매매는 끊임없는 선택의 연속이다. 선택의 결과는 수익과 손실로 손쉽게 확인할 수 있다. 그러나 대부분의 평가는 거기서 끝나지 않는다. 이후 주가의 흐름에 따라 정말 잘한 선택인지, 잘못한 선택인지 판가름이 난다. 주식이 하락했다면 손실이 난 상황에서 매도했어도 잘 팔았다는 안도감이 찾아올 수 있다. 반대로 상승했다면 설령 수익이 난 상황이라도 성급히 팔았다는 아쉬움이 찾아올 수 있다. 어느 편이든 이미 끝난 거래를 머릿속으로 계속 떠올리다 보면 스트레스 지수만 높아진다.

멘탈 관리에서 가장 안 좋은 것 중 하나가 결과론에 휘둘리는 것이다. 과거의 거래에 매여서는 곤란하다. 아쉬움과 안도감 모두를 내려놓고 스트레스를 최소화하는 연습을 해야 한다.

가장 좋은 대처법은 '투자 일지'를 쓰며 어떤 부분에서 실수가 있었는지 '복기(復棋)'를 해보는 것이다. 시합이 끝난 바둑의 수를 다시 놓으며 승패의 이유를 확인하는 것처럼 자신의 투자도 돌아보는 것이다. 오답 노트를 정리하듯 자신의 투자를 돌아보면 반복적으로 나타나는 실수를 줄이고, 자신의 매매 기법을 좀 더 정교하게 다듬을 수 있다.

흔히 '주식 매매는 심리전이다'라고 한다. 과거에 매인 순간부터 조급함, 불안감, 아쉬움의 감정을 컨트롤하기 힘들어진다. 이러한 감정들은 하루라도 빨리 원금을 복구하겠다는 욕심을 일으키고, 욕심은 무리한 매매를 감행하게 한다. 이렇게 한 번 평정심을 잃으면 손실을 부르는 매매를 반복적으로 하게 되고 그야말로 악순환에 빠지고 만다.

모든 결과는 지난 과거의 것이다. 결과론에 빠지지 말고 결과에서 배우는 자세를 가져야 한다. 결과에 집착하며 생기는 스트레스도 이 과정에서 털어내야 한다. 흔히 주식 시장에서 오래 살아남은 고수들은 "배우려는 자세가 필요하다"라고 하는데 바로 이를 두고 하는 말이다. 배울 것은 배우며 자산으로 삼고, 성패의 결과는 지난 일로 여겨 흘려보낼 줄 알아야 한다.

┤04├
누군가의 수익은
타산지석으로 삼자

요즘의 주식 투자 트렌드는 온라인 카페와 블로그, 인스타그램, 텔레그램, 주식 관련 유튜브 등 다양한 소통 채널을 활용하는 것이다. 그래서 초보 투자자들도 정보 습득과 친목 도모 등을 이유로 온라인 카페 등 다양한 채널에 가입해 활발히 활동하고 있다.

이러한 주식 (온라인) 카페 등에서는 다른 사람들의 매매 일지, 수익 인증 관련 글을 자주 보게 된다. 당일 수익으로 수백에서 수천만 원, 많게는 억대로 벌었다는 글도 볼 수 있다. 이런 게시글을 보는 초보 투자자들에게 당부하고 싶은 말이 있다.

"누군가의 수익은 타산지석으로 삼자."

처음 주식을 접하는 초보자들은 고수익을 냈다는 사람들의 매매 일지를 보며 '정말 대단하다', '닮고 싶다'라는 생각을 먼저 한다. 그러면서 투자 경력이 쌓이고 초보 단계를 벗어났다고 생각하는 시기가 될 때는 다른 사람들의 수익 인증 글을 봐도 쉽게 웃음이 나오지 않는다. '다들 잘 하는데 왜 나만 안 되고 있을까?'라고 생각하면서 자괴감이 밀려오기도 한다. 그렇게 되면 욕심이 과해져서 자신이 세운 매매 원칙을 무너트리고 샛길로 빠져들기도 한다. 대표적으로 종목을 찍어주는 리딩방에 가입하거나 주식 고수라면서 내 말만 들으면 된다는 사짜(사기꾼)에게 의지하는 경우다.

　주식은 제로섬 게임과 같다. 내가 팔려는 주식을 누군가 사줘야 내가 수익을 낼 수 있다. 뒤집어 말하자면 누군가 수익을 내려면 누군가 손실을 볼 수밖에 없는 구조라고 할 수 있다. 거기다 짧은 시간에 비교적 큰돈이 오가는 시장이기 때문에 수많은 거짓 정보와 마음을 흔드는 이야기가 넘쳐 나기도 한다. 그래서 다양한 정보를 걸러서 들을 필요가 있다.

　주식 커뮤니티에 올라오는 고액 수익 인증 관련 글 중에는 진짜 수익을 낸 결과인 경우도 있겠으나 의외로 주린이를 현혹해 이용하려거나 수익을 부풀려 자신을 따르는 추종자를 만들려는 사람이 올린 조작 글도 많다. 그래서 올라온 글을 그대로 믿어버리고 글 올린 사람을 추종하는 행동은 정말 위험하다. 진짜와 가짜를 가려내는 일이 쉽지 않은 만큼 무조건 추종하는 일은 하지 말아야 한다.

　고액 수익 인증 관련 글을 대하는 마음 자세도 중요하다. 운(運)만으로 지금의 경지에 오른 고수는 하나도 없다. 최소한 몇 번의 실패와 몇 년간의 노력 끝에 지금의 자리에 올랐다.

나보다 나은 사람을 보면 욕심도 나고 자괴감이 드는 것이 당연하지만 거기서 멈춰서는 안 된다. '얼마나 피땀 어린 노력으로 지금의 자리에 오르게 됐을까?'를 생각하며 스스로 발전시켜 나가야 한다. 특히 내가 주식 투자에 쏟아부은 시간과 열정을 고수의 그것과 비교해 보면 턱없이 부족하다는 것을 알게 된다.

　덧붙여 주식 시장에 살아남기 위해 가장 집중해야 할 사람은 나 자신이다. 주식 투자에서 고수익을 낸 사람도, 쪽박을 찬 사람도 모두 남의 이야기다. 타인의 투자 성과, 타인의 수익에 현혹되지 말고 오로지 타산지석 정도로만 삼아 자신의 (투자 지식) 배움에 활용해야 한다.

2장

용어를 알아야
투자의 뿌리가
튼튼해진다

초보자들은 낯선 것을 어렵다고 생각한다. 주식 투자를 시작할 때도 익숙지 않은 용어들 때문에 '주식 투자는 어렵다'라고 생각하는 사람이 많다. 그러나 주식 용어도 한두 번 읽어 보면 이해가 되는 것이 대부분이다.

이번 장에서 소개하는 용어들은 비단 주식 투자에서뿐만 아니라 경제를 이해하는 데도 큰 도움이 된다. 투자 기초와 경제 지식을 쌓으려면 용어를 알아야 한다는 생각으로 여러 번 반복해 읽기를 권한다. 반복해 접하다 보면 경제를 보는 눈도 키울 수 있을 것이다.

┤01┤
투자자가 꼭 알아야 할
주식 기초 용어

본격적으로 주식 투자에 대해 이야기하기 전에 주식 매매를 할 때 가장 많이 듣고 보는 주식 용어를 정리해봤다. 실제로 투자자들 입에서 자주 오르내리는 용어를 제대로 알고 있어야 투자 계획을 세우거나 대처할 때 1초라도 빠르게 행동할 수 있다(일부 용어는 은 어임을 밝힌다).

코스피(KOSPI) 한국 종합 주가 지수(Korea Composite Stock Price Index)의 약자로 유가증권시장본부(증권거래소)에 상장된 종목들의 주식 가격을 종합적으로 표시한 수치다. 코스피 상장 조건은 자기 자본 규모 300억 원 이상, 최근 매출액 1,000억 원 이상, 시가총액 2,000억 원 이상, 3년 매출 700억 원 이상, 설립 3년 이상, 상장주 100만 주 이상이다.

코스닥(KOSDAQ) 한국 장외 주식 거래 지수(Korea Securities Dealers Automated Quotation)의 약자로, 유망한 중소 및 벤처 기업들의 자금 조달을 목적으로 한 증권 시장이다. 코스닥 상장 조건은 자기 자본 30억 원 이상, 사업 이익 20억 원(벤처 기업은 10억 원) 이상, 시가총액 90억 원 이상, 소액주주 500명 이상이다.

쩜상 주식 시장이 열리자마자 시초가가 바로 상한가가 되는 경우를 말한다.

쩜하 주식 시장이 열리자마자 시초가가 바로 하한가가 되는 경우를 말한다.

연상 전날 상한가에 이어서 다음 날에도 상한가가 되는 경우를 말한다.

따상 새로 상장한 종목이 첫 거래일에 공모가 대비 2배의 시초가가 형성된 뒤 가격 제한 폭(30%)까지 올라 마감하는 것을 말한다. 하루에 공모가 대비 160%가 오른 것이다.

상따 상한가이거나 상한가로 가려는 종목을 매수하는 것을 말한다.

하따 하한가이거나 하한가로 가려는 종목을 매수하는 것을 말한다.

추매 추가(로) 매수(하는 것)를 의미한다.

투매 주가가 하락하고 있을 때 개미 투자자들이 공포감에 휩싸여 물량을 던지는 것을 말한다.

슈팅 단기적으로 주가가 폭등할 때 쓰는 말이다.

존버 보유하고 있는 종목의 하락이 계속 되는 바람에 손실이 심해졌는데도 매도하지 않고 버티는 것을 말한다. 우스갯소리로 BTS라고도 하는데 '버티세'의 첫 글자를 따서 표현한 것이다.

손절 주가가 내가 산 평단가(평균 매수 단가)보다 하락한 상황에서 더 큰 손해를 보지 않기 위해 매도하는 것을 말한다.

익절 주가가 내가 산 평단가보다 상승한 가운데 현재의 이익을 확정 짓기 위해 매도하는 것을 말한다.

주포 돈을 가진 주체를 의미하는데 세력, 형님이라고도 부른다. 보통 세력이라고 많이 한다.

잡주 재무 상태가 좋지 않은 기업의 주식을 말한다. 손실이 난 주식을 말할 때도 쓴다.

감자 주식의 액면가를 낮추거나 주식 수를 줄이는 작업을 말한다. 유상 감자와 무상 감자로 나눌 수 있다.

유상 감자의 경우 줄어드는 주식에 대한 금액만큼을 주주에게 지급한다. 기업의 자본금 규모를 줄이기 위해 시행한다. 무상 감자의 경우 줄어드는 주식에 대한 보상이 없다. 예를 들어, 2대 1로 무상 감자가 진행되면 20주는 10주로 줄지만 자본 총액은 변함이 없다. 주식 수를 줄여서 자본금을 줄이고 기업의 결손 자본 잠식을 해소하기 위해 시행한다.

스윙 단기적인 저점 매수, 고점 매도를 목표로 한 매매 방식이다. 보통 하루 이상 주식을 보유했다가 매매한다. 기간으로 보면 단타보다는 길고 중장기 투자보다는 짧다.

재료 주가의 상승 동력이 되는 뉴스, 정보, 공시 등을 말한다.

수급 투자 주체[기관, 외국인, 투신(투자신탁회사), 연기금 등]의 매수를 말한다. '수급이 들어온다'는 돈이 들어와서 매수가 일어남을 의미한다.

블록딜(Block Deal) 팔려는 주체와 사려는 주체 간의 계약에 따라 많은 주식을 한 번에 매매하는 것을 말한다[여기서 블록(Block)은 덩어리를 의미한다]. 대량으로 매입하는 만큼 할인된 가격으로 진행한다. 장중에 대량의 주식이 거래되면 주가가 급등락을 보이는 바람에 기존 투자자들에게 피해가 갈 수 있다. 그래서 블록딜의 경우에는 시간 외 거래를 통해 진행한다. 보통 할인율이 높을수록 주가가 고평가됐다고 생각하기 때문에 할인율만큼 주가가 하락할 가능성이 있다.

블록딜은 단기적으로 악재라고 볼 수 있지만 중·단기적으로는 무조건 악재로만 평가하기에는 힘들다. 주식을 매각하면서 기업의 재무 상태가 개선될 수도 있으므로 투자자는 매각 이유에 대해 꼼꼼히 확인해야 한다.

평단가 '평균 매수 단가'의 줄임말이다. 보유 주식의 평균 매수 단가는 손익분기점이 된다.

공매도 향후 하락이 예상되는 주식을 (보유는 하지 않고) 빌린 다음, 매도 주문을 내는 투자 방법이다. 주가가 예상대로 하락하면 하락한 값으로 사서 결제일 안에 보유자에게 돌려주는 방법으로 시세 차익을 얻는다. 예를 들어, 1,000원짜리 주식을 공매도했는데 이후 700원으로 하락했다면 사서 돌려주는 방식으로 300원의 시세 차익을 얻을 수 있다. 단, 주가가 상승하면 손실을 본다.

허매수 '거짓 매수'라고도 한다. 보통 세력이 개인 투자자들에게 물량을 떠넘기려 할 때 허매수를 쓴다. 호가창의 특정 가격에 매수 잔량이 많이 걸려 있으면 개인 투자자들은 '저 가격은 지켜지겠구나'라는 생각으로 해당 호가 위에 매수 물량을 걸어두게 된다. 이렇게 해서 개인 투자자들에게 어느 정도 물량을 넘겼다고 생각하면 세력은 허매수(의 물량)를 걷어낸다.

허매도 '거짓 매도'라고도 한다. 허매수와는 반대로 세력이 개인 투자자들의 물량을 받을 때 한다. 호가창의 특정 가격에 매도 잔량이 많이 걸려 있으면 개인 투자자들은 '저 가격까지는 올라가지 않겠구나'라는 생각으로 그 아래에 매도 물량을 걸어두게 된다. 이렇게 해서 개인 투자자들에게 어느 정도 물량을 넘겼다고 생각하면 세력은 해당 물량을 걷어낸다.

스몰캡[Small Cap(ital)] '소형주'를 말한다. 상장이나 등록된 기업 중 시가총액이 작은 중소기업주를 말한다고 보면 된다.

패닉셀(Panic Sell) 갑작스럽게 주가 변동이 커져서 심리적으로 불안해진 투자자들이 매도 물량을 내놓는 것을 말한다.

물타기 현재 보유한 종목의 주가가 평단가보다 낮을 경우 평단가를 좀 더 낮추기 위해 추가로 매수하는 것을 말한다. 물타기를 할 때는 기준을 정하고 분할로 해야 한다.

불타기 현재 보유한 종목의 주가가 평단가보다 높은데도 물량을 더 확보하기 위해 추가로 매수하는 것을 말한다. 슈팅이 나오려는 시점에서 더 높은 수익금을 가져가기 위해 사용하는 전략이다.

물렸다 손실이 난 종목을 매도하기에는 늦은 상황을 말한다.

작전주 세력이 작전을 짜서 매매하는 주식을 말한다. 코스피보다 코스닥에 많으며 급등과 급락을 자주 보인다는 특징이 있다. 보통 시가총액 1,000억 원 이하이면서 유통되는 주식이 적으면 표적이 된다.

동전주 보통 주당 가격이 1,000원 미만이면서 고위험인 종목을 말할 때 쓴다. 동전주와 대비되는 개념으로 지폐주라는 말도 있는데 1,000원 이상의 주식을 말한다. 단, 동전주라고 해서 무조건 좋지 않다는 것은 아니다.

테마주 뉴스, 인물, 시장의 이슈에 따라 급등락이 나타나는 주식을 말한다. 대표적으로 정치 테마주가 있는데 선거철만 되면 선거에 나오는 사람과 관련이 있다는 소문이 돌면서 급등락을 보인다.

우선주 의결권이 없는 대신 보통주보다 먼저 배당을 받을 수 있는 권리가 부여된 주식을 말한다.

스팩(SPAC) 기업 인수 목적회사(Special Purpose Acquisition Company)를 말하며 M&A(인수·합병)만을 목적으로 설립된 서류상의 회사라고 보면 된다. 아직 상장하지 않은 기업이 IPO(기업 공개)와 청약을 거치지 않고 스팩과 인수 및 합병을 통해 증시에 우회 상장한다. 상장에 실패하면 투자자에게 예치금이 반환되는 안전장치가 있다. 하락장에서는 스팩 관련 주들이 상승하기도 한다.

설거지 주가를 움직이는 주체가 시세를 형성하다가 어느 시점에 물량을 개미 투자자들에게 넘길 때 '설거지한다'라고 한다.

갭 상승 전날 종가보다 다음 날 시초가가 큰 차이로 상승했을 때를 말한다. 보통 호재가 되는 뉴스나 재료가 발생했을 때 나타난다.

갭 하락 전날 종가보다 다음 날 시초가가 큰 차이를 보이며 하락할 때를 말한다. 보통 악재 뉴스나 재료가 발생했을 때 나타난다.

스캘핑 '가죽 벗기기'라는 의미를 갖고 있는 스캘핑(Scalping)은 분 또는 초 단위로 거래하면서 단기 차익을 얻는 박리다매 방식의 초단타 매매 기법이다. 스캘핑 투자자는 보통 하루에도 수십 번, 수백 번 이상의 거래를 진행한다.

순환매 특정 종목에 호재가 발생해 주가가 상승한 경우 해당 종목과 연관성이 있는 종목도 주가가 상승하는 것을 말한다.

눌림목 단타 매매를 할 때 많이 사용되는 용어다. 주가가 상승한 이후 횡보하거나 하락하는 구간을 말한다. 주가가 일정 기간 상승하면 단기 투자자들은 차익 시현을 위해 매물을 내놓게 되는데 이 과정에서 주가가 횡보하거나 하락하면서 나타난다.

예수금 주식 거래를 위해 계좌에 넣어둔 현금을 말한다. 매매가 가능한 금액이다.

증거금 주식에 대한 보증금을 말한다. 증거금제도에 의하면 현금 보유액보다 2.5~2.8배의 주식 매수가 가능하다. 예를 들어, 1주가 100만 원이고 주식에 대한 증거금이 40만 원이라면 40만 원으로 1주를 살 수 있다. 단, 나머지 60만 원은 2일 후에 갚아야 한다. 증거금은 주식을 사면 예수금에서 차감된다.

PER(Price Earning Ratio) 주가를 주당순이익으로 나눈 주가의 수

익성 지표다. 현재 주가가 기업의 주당 수익 몇 배가 되는지를 나타낸다. PER이 낮으면 해당 기업이 거둔 이익에 비해 주가가 낮은 것이니 주가가 저평가됐다고 해석한다. 반대로 PER이 높으면 거둔 이익에 비해 주가가 고평가됐다고 해석한다. PER은 '주가÷주당순이익'으로 구할 수 있지만, 실무에서는 '시가총액÷당기순이익'을 더 많이 활용한다.

PBR(Price Book-value Ratio) 주가 순자산 비율이라고 하는데 주가를 주당순자산가치로 나눈 값이다. 기업의 순자산에 비해 1주당 몇 배로 거래되고 있는지를 측정하는 지표다.

ROE(Return On Equity) 자기자본이익률이라고 하는데 투입한 자기 자본이 얼마만큼의 이익을 냈는지를 나타내는 지표다.

ROA(Return On Assets) 총자산순이익률이라고 하는데 기업의 총자산에서 당기순이익을 얼마나 올렸는지를 가늠하는 지표다.

EPS(Earning Per Share) 기업의 순이익(당기순이익)을 유통되고 있는 주식 수로 나눈 것이다. 1주당 얼마의 이익을 창출하였느냐를 나타내는 지표다.

BPS(Book-value Per Share) 기업의 순자산(총자산 - 부채)을 발행주식 수로 나눈 것이다.

동시 호가 장 시작 전 시초가를 결정할 때나 마지막 종가(15시 20분에 동시 호가 들어감)를 결정할 때 단일 가격을 산출하는 방법이다. 일정 시간 내에 접수된 모든 호가를 취합한 다음, 가격 수량 우선에 따라 일괄적으로 거래가 체결되도록 한다.

오버 나잇 당일 매매(데이 트레이딩)를 하기로 했으나 하루 더 주식을 보유할 때 쓰는 말이다.

반대 매매 투자자가 돈을 빌리거나 신용 융자금으로 주식을 매입했는데 빌린 돈을 약정한 기간 내에 갚지 못할 경우 투자자의 의사와 상관없이 증권사가 강제로 주식을 일괄 매도하는 것을 말한다.

증권사를 통한 빚투(빚 내서 투자)는 미수 거래와 신용 거래, 2가지가 있다. 미수 거래의 경우 3일 이내에, 신용 거래의 경우 1~5개월 내 상환해야 한다. 미수 거래는 3거래일 내에 상환해야 하는 초단타여서 이자는 없지만 리스크가 크다. 신용 거래의 경우 상환 기한이 긴 대신 이자율이 매우 높다. 기간 내에 상환하지 않거나 담보 가치가 일정 비율 이하로 하락하면 반대 매매가 일어난다.

주가가 떨어져서 주식 평가액이 주식 담보율의 140%에 미치지 못해도 반대 매매가 발생한다. 예를 들어, 투자자가 자신의 돈 1,000만 원과 증권사에서 빌린 1,000만 원을 합쳐 총 2,000만 원으로 주식을 매수했다고 해보자. 이후 주가가 담보 가치의 140%인 1,400만 원 아래로 하락하면 반대 매매가 발생한다. 이때 증권사는 투자자에게 자금을 더 투입해 담보를 키우는 마진콜 요청을 하는데 투자자가 마진콜에 응하지 않으면 반대 매매를 하겠다고 통보한다. 반대 매매가 늘어나는 것은 주가를 하락시키는 요인이 되기도 한다.

뇌동 매매 자신의 분석과 의사 결정에 기초하지 않고 다른 투자자의 움직임에 편승해 매매하는 행동을 말한다.

개미 털기 개인 투자자들은 주가의 급락을 보면 불안감을 느끼다가 극복하지 못하고 주식을 매도하는 경우가 많다. 이를 이용해 세력이 주가를 급락시켜 개인 투자자들의 물량을 가져가는 것을 개미털기라고 한다.

자전 거래 원래는 증권사가 같은 주식을 동일 가격, 동일 수량으로 매도 또는 매수 주문을 넣어 거래를 체결하는 것을 의미했다. 최근 들어서는 특정 집단이 여러 계좌로 동시에 매수 또는 매도 주문을 넣어 거래량을 부풀리고 가격을 상승시키는 것을 의미한다. 주가는 상승하는데 특정 집단이 가지고 있는 주식 수는 줄지 않는다.

턴 어라운드 적자를 기록하던 종목 혹은 기업이 흑자로 전환되는 것을 말하는데 기업 회생이라고 생각하면 된다. 업계 현황 개선이나 구조 조정 등으로 수익성이 급격히 좋아져 기업 내실이 큰 폭으로 개선되는 경우를 예로 들 수 있다.

서킷 브레이커 주식 시장의 일시적인 매매 거래 중단제도다. 코스피나 코스닥의 지수가 전일 대비 10% 이상 폭락한 상태가 1분간 지속하는 경우 발동된다.

매매 거래 정지 증권거래소에서 일정 요건에 해당한 상장 법인의 유가증권 거래를 강제로 정지시키는 것을 말한다.

어닝 서프라이즈 기업의 영업 실적이 시장이 예상했던 것보다 높아 주가가 큰 폭으로 상승하는 것을 말한다.

┤02├
주식 수수료는
최대한 저렴하게

'성공 투자'란, 기대한 만큼의 수익을 올리는 것이다. 초보 투자자들은 '수익을 올리는 데'만 집중하는 바람에 비용을 줄이려는 노력을 간과하기도 한다. 그러나 주식 투자에서 수익은 매도가에서 제반 비용을 뺀 것이다. 비용을 줄이는 것만으로도 수익률을 높일 수 있다. 조금이라도 비용이 덜 들어가는 곳을 찾아 거래해야 하는 이유다.

주식 투자자 거의 대부분이 HTS(Home Trading System, 홈 트레이딩 시스템)와 MTS(Mobile Trading System, 모바일 트레이딩 시스템)를 사용하자 증권사들이 앞다퉈 '수수료 면제'를 광고하고 있다. 그러므로 거래에 들어가는 비용을 제대로 알고 조금만 손품을 팔면 저렴한 곳을 찾아 활용할 수 있다.

주식 매매를 할 때 발생하는 수수료는 총 3가지로 다음과 같다.

① 위탁 수수료

② 유관 기관 수수료

③ 증권 거래세

위탁 수수료는 증권사 수수료라고도 하는데 주식을 매수 또는 매도할 때 증권사에 지급하는 수수료다. 온라인 비대면 거래 시 수수료는 0.0036396~0.015% 정도다. 증권사별 수수료율은 금융투자협회 전자공시서비스(dis.kofia.or.kr)에서 확인할 수 있다.

유관 기관 수수료는 매수 및 매도 과정에 관여하는 한국거래소(0.0027%)와 한국예탁결제원(0.0009%) 등의 기관에 내는 수수료다.

증권 거래세는 주권 또는 지분의 양도에 대해 부과되는 조세다. 주식이나 지분의 소유권이 유상 이전될 때 당해 주권이나 지분의 양도자에게 양도가액을 기준으로 부과한다.

[거래세율]

구분	2021~22년	2023년~
코스피	0.08	0.00※
코스닥	0.23	0.15
코넥스	0.10	0.10
기타	0.43	0.35

• ※ 농특세 0.15%는 변동 없음.
• 단위: % | 기준: 2021년 9월 | 출처: 기획재정부

매수할 때와 매도할 때 비용은 다르다. 매수할 때는 증권사와 유관 기관에 수수료를 내고 매도할 때는 증권사, 유관 기관 수수료, 증권 거래세를 낸다.

금융투자협회 전자공시서비스(dis.kofia.or.kr)에 들어가면 '금융투자 회사공시'에서 주식 거래 수수료를 알 수 있을 뿐만 아니라 전자공시 이용 가이드, 금융투자회사 공시, 펀드, 비교 공시 등도 볼 수 있다. 자주 방문해 필요한 정보를 활용하도록 한다.

┤03├
주식 분류 기호표에 담긴
의미를 알아보자

HTS나 MTS로 주식 거래를 하다 보면 종목명 앞에 '분'이라는 행을 확인할 수 있다. '분'은 종목 분류 기호의 약자로, '종목의 현재 상태'를 대표 글자로 알려준다.

주식 분류 기호표(주식 종목 분류 기호표)는 매매에 중요한 정보가 된다. 증권사마다 차이가 있으므로 거래에 앞서 해당 증권사의 주식 분류 기호표를 숙지할 필요가 있다.

주식 분류 기호는 종목의 현재 상태를 알려주고 대략적이나마 종목의 특징과 관련한 정보를 제공한다. 제대로 이해만 한다면 최소한 '상장 폐지', '거래 정지' 등 위험이 발생할 수 있는 거래는 피할 수 있다. 종목 분석에도 요긴하다. 특히 종목의 안전성을 중요하게 생각해야 하는 신용 매매의 경우 반드시 투자 전에 숙지한다.

다음은 주식 분류 기호표의 주요 내용을 정리한 것이다.

정(거래 정지) 증권거래소가 일정한 사유로 거래를 중지시킨 종목이다. 부도 발생, 은행과의 거래 정리, 영업 활동의 전부 또는 일부 정지, 상장 법인의 존폐와 관련된 풍문 등의 사유로 주가 및 거래량의 급변이 예상되는 경우 거래 정지가 된다.

관(관리 종목) 관리 종목, 상장 폐지 기준에 해당할 우려가 있음을 예고해 투자자에게 유의가 필요함을 알리고 환기를 강조하고자 지정한 종목이다. 상장 법인이 갖춰야 할 최소 한도의 유동성을 갖추지 못했거나 영업 실적 악화 등의 사유로 부실이 심해 상장 폐지 기준에 해당할 우려가 있는 종목을 말하기도 한다.

관리 종목은 내일 당장 상장 폐지가 될 수 있다는 생각으로 주의하고 또 주의해야 한다. 관리 종목으로 지정되면 일정 기간 매매가 정지될 수 있으며 신용 거래가 금지되고 대용 유가증권으로도 사용이 불가하다. 관리 종목의 지정 기준은 다음과 같다.

- 사업보고서 미제출
- 감사 의견이 '한정', '부적정', '의견 거절'
- 자본금 50% 이상 잠식
- 소액주주 200명 미만, 지분율 10% 미만
- 월평균 거래량이 유통 주식 수의 1% 미만
- 공시 의무 위반 누계 벌점 15점 이상
- 매출액 50억 원 미만

- 액면가 20% 미만 상태 30일 지속
- 시총 50억 원 미만 상태 30일 지속

경(투자 경고 종목) 5일간 75% 또는 20일간 150% 급등한 경우 투자 경고 종목이 된다. 투자 경고 종목으로 지정되면 매수 시 증거금이 100%로 전환되고 신용이나 미수 거래가 진행되지 않는다. 지정일로부터 10일이 지나면 지정 해제가 될 수 있다. 주식 시장에서는 투자 위험을 알리는 3단계(투자 유의 종목→투자 경고 종목→투자 위험 종목) 경보체계가 있는데 두 번째 단계다.

투(투자 유의 종목) 투자자들에게 주의를 환기하기 위해 지정하는 종목으로 관리 종목과 유사하다. 투자 위험을 알리는 3단계 경보체계 중 첫 번째 단계다.

공(공매도 과열 종목) 공매도가 집중되는 종목에 대한 정보를 공개해 투자자들의 주의를 환기하려는 목적에서 지정한다.

액(액면 분할) 주식의 액면가액을 일정한 분할 비율로 나눠서 주식 수를 증가시키는 종목을 말한다.

열(단기 과열 종목) 단기 과열 종목으로 지정되면 30분 단위의 단일가 매매 방식이 적용된다. 해당일의 종가가 직전 거래일의 종가 및 발동 예고일 전일 종가 대비 상승한 경우 다음 매매 거래일 때부터 발동된다. 단기 과열 종목의 지정 기준은 다음 3가지 중 하나에 해당하는 여부다.

- 상승률: 당일 종가가 직전 40거래일 평균 종가 평균의 130% 이상
- 거래 회전율: 최근 2거래일 일별 평균 회전율이 직전 40거래일의 일별 평균 거래 회전율의 600% 이상
- 변동성: 최근 2거래일 일변 주가 변동성 평균이 직전 40거래일 일별 주가 변동성 평균의 150% 이상

위(투자 위험 종목) 투자 경고 종목으로 지정했는데도 투기적인 가수요 및 뇌동 매매가 진정되지 않을 때 지정된다. 지정과 동시에 1일간 매매가 정지되고 추가로 급등할 경우 1일간 더 매매가 정지된다. 투자 위험을 알리는 3단계 경보체계 중 마지막 단계다.

환(투자 주의 환기 종목) 관리 종목 이상의 위험을 알리기 위해 지정한다. 코스닥 기업을 대상으로 투자자에게 투자 위험을 알리고 부실 기업일 경우 경고하기 위해서다. 정기 및 수시 심사에서 부실의 위험이 나타나면 투자 주의 환기 종목으로 지정한다. 내부 회계 관리제도 비적정, 기업 부실 위험 선정 기준 해당 등의 이유로 선정하며 거래 정지 및 상장 폐지까지 가기도 한다.

증(증거금 100% 종목) 거래 시 위탁증거금이 100%로 설정되기 때문에 신용이나 미수가 되지 않고 현금으로만 매수가 가능한 종목을 말한다.

신(신용 종목) 신용 보증을 통해 90일간의 잔고 보유가 가능한 종목이다. 신용 종목은 A군에서 D군으로 나뉘는데 A군은 신용이 가

장 좋은 종목이고 D군은 가장 좋지 않은 종목이다.

신용 종목은 신용도에 따라 3가지로 분류돼 표기되는데 바탕색에 따라 전하는 정보가 다르므로 주의해서 살펴야 한다. 연두색으로 표시된 경우는 신용 가능 A~C군으로 90일(3개월)까지 대출이 가능하다. 짙은 녹색으로 표시된 경우는 신용 가능 D군으로 30일 대출이 가능하다. 검은색으로 표시된 경우는 신용 한도가 초과한 종목이다. 신용으로 매수한 수량이 한도를 초과해 사유가 해소될 때까지 신용 매수가 되지 않는다.

*

투자의 위험과 경고를 알리는 시장 투자 경보 리스트는 증권사마다 검색을 통해 손쉽게 확인할 수 있다. 주식 분류 기호에 표시되는 관리 종목, 투자 위험·경고·주의, 이상 급등 종목, 공매도 과열 종목 등에 해당하는 주식은 다시 한번 확인하면서 투자의 위험을 줄여야 한다.

┨04┠
옵션과 선물을
왜 알아야 할까?

주식 투자를 하다 보면 '옵션 거래', '선물 거래'라는 말을 자주 듣는다. 파생 상품과 연결되는 옵션 거래일과 선물 거래일이 주식 시장에도 크게 영향을 미치기 때문이다. 옵션 거래와 선물 거래에 대해 설명하기 전에 우선 파생 상품에 대해 알아보자.

'파생 상품'이란, 외환, 예금, 채권, 주식 등과 같은 기초 자산에서 파생된 금융 상품을 말한다. 기초 자산의 가치 변동에 따라 가격이 결정된다. 그렇다면 파생 상품은 주식 시장에 어떤 영향을 미치고 있을까?

유동 자금 측면에서 보면, 코스피200에 몰린 유동 자금보다 코스피200을 기초로 한 파생 상품에 몰린 유동 자금이 더 많은 것이 현실이다. 투자 주체는 옵션 거래와 선물 거래에 필요한 자금을 가져오기 위해 주식 시장에서 주식을 팔기도 한다. 옵션과 선물에 의해 주식 시장에 변동성(투자금 변화)이 커지는 상황이 벌어진다. 초보 투자자라도 주식 시장의 변동성에 대비하기 위해 옵션 만기일과 선물 만기일 정도는 알아두는 것이 좋다. 덧붙여 옵션과 선물에 대한 기초적인 이해는 투자의 기초 지식이 되므로 확실히 알고 넘어가도록 하자.

옵션은 만기일에 미리 정한 가격으로 어떤 자산을 팔거나 살 수 있는 '권리'를 의미한다. 옵션 거래라고 하면 사고팔 수 있는 권리를 매매하는 것이다. 예를 들어, 1년 뒤 만기일에 미리 정한 가격으로 수익이 났다면 인수 권리를 행사할 수 있고, 손실이 났다면 권리를 포기해도 된다. 매수자는 만기 시점에 권리 행사를 할지, 말지를 선택할 수 있다.

옵션은 콜옵션(살 수 있는 옵션)과 풋옵션(팔 수 있는 옵션)으로 나뉜다. A가 네이버(주식)를 한 달 후에 10,000원에 살 수 있는 콜옵션을 매수했는데 만기일인 한 달 뒤에 주가가 20,000원이 되었다고 해보자. A는 20,000원짜리를 10,000원에 매수해 10,000원의 수익을 내게 된다. 한편 B는 카카오를 한 달 후에 10,000원에 팔 수 있는 풋옵션을 매수했는데 한 달이 지난 후에 보니 주가가 5,000원이 됐다. B는 5,000원짜리 주식을 10,000원에 매도해 5,000원의 수익을 챙길 수 있다.

만기일은 투자자들이 매수했던 옵션을 보유하는 마지막 날을 말한다. 만기일에는 주식 거래가 일어날 수밖에 없다. 그래서 옵션 만기일에는 변동성이 생기게 된다. 한국의 옵션 만기일은 매달 둘째 주 목요일이다.

선물의 경우 '권리'를 매매하는 옵션과 달리 '기초 자산'을 매매한다. 반드시 만기일에 거래를 체결해야 한다는 차이점도 있다.

선물 거래는 미래의 정해진 일정 시점에 주식을 현재 합의된 가격으로 사고팔 것을 약속한 계약이다. 앞서 설명한 대로 반드시 만기일에 거래를 체결해야 한다.

도매업자 C가 축산업자 D에게 연말에 돼지고기를 킬로그램당 10만 원에 팔라는 제안을 했다고 해보자. 작년 연말에 킬로그램당 80,000원에 시세가 형성됐다는 것을 알고 있었던 D는 흔쾌히 조건을 받아들여 계약했다. 그런데 올해 말에 돼지고기 시세는 킬로그램당 12만 원이 됐다. 12만 원이 됐지만 D는 C에게 계약대로 킬로그램당 10만 원에 팔 수밖에 없었다. D는 돼지고기 가격이 떨어질 것을 예상하고, C는 가격이 오를 것을 예상한 상태에서 선물 계약을 체결한 것이다. 만기일에 C는 이익을 봤고 D는 손해를 봤다. 이처럼 선물 거래는 거래 당사자의 수익이 상대방의 손실이 되는 구조다.

선물 거래의 원리를 이해했다면 이를 주가 지수 선물 시장에 대입해보자. 시장을 주도하는 투자자가 주가 지수 하락에 베팅했다면 만기일에 지수 하락 포지션 매물이 쏟아지게 된다. 실제 주가 지수가 하락하는 상황이 벌어지기도 한다. 선물 거래에 의해 지수가 영향을 받은 것이다. 또한, 만기일 이전에 거래 계약 체결을 불이행하면 반대 매매가 진행되어 변동 폭이 커지기도 한다. 반대 매매란, 이미 매매한 매물을 인도일이 오기 전에 자신이 매매한 것과 정반대 방향으로 재매매(매수했다면 매도, 매도했다면 매수)하여 선물 거래에서 발생한 모든 권리나 의무를 소멸시키는 것이다.

한국의 주가 지수 선물 거래의 만기일은 3월, 6월, 9월, 12월 두 번째 목요일이다. 또한, 매년 3월, 6월, 9월, 12월 두 번째 목요일에는 선물과 옵션 만기일이 겹치게 되므로 변동성이 매우 커진다. '마녀(파생 상품)가 심술을 부린다'라는 의미로 네 마녀의 날이라고 불리기도 한다. 조심해서 나쁠 것이 없으므로 만기일 전후로는 시장을 관망하기를 권한다.

⊦05⊦
일시에 하나의 가격으로 체결되는 단일가 매매

주식 시장은 크게 '정규 시장'과 '시간 외 시장'으로 나눌 수 있다. 일반적인 주식 거래가 이뤄지는 9시에서 15시 30분까지가 정규 시장이다. 시간 외 시장은 다시 '장 시작 전 시간 외'와 '장 종료 후 시간 외', 그리고 '시간 외 단일가 매매'로 나눌 수 있다.

- 장 시작 전 시간 외: 8시 30분~8시 40분(전일 종가 기준 매매)
- 장 종료 후 시간 외: 15시 40분~16시(당일 종가 기준 매매)
- 시간 외 단일가 매매: 16시~18시(10분 단위 단일가 매매, 가격 제한 폭 ±10%)

시간 외 시장에서 흔히 사용되는 용어가 '단일가 매매'다. 시간 외 단일가 매매에서는 10분 단위로 12회 이뤄지고 ±10%의 제한 폭을 지킨다. 장중에 좋은 흐름을 보였던 종목은 시간 외 단일가 매매에서 상승을 이어가기도 한다. 물론 장중에 흐름이 좋지 않았지만 시간 외 단일가 매매에서 상승하는 종목도 있다. 장이 끝나고 호재나 악재가 나오면 시간 외 가격은 요동을 칠 수밖에 없다. 시간 외 거래에서 이전과 다르게 거래량이 5배에서 10배 정도 더 나오며 상승을 한 종목이라면 다음 날 관심 있게 봐야 한다.

시간 외 거래 외에도 '과열 현상을 완화할 때' 단일가 매매가 강제로 진행된다. 단일가 매매는 투자자 주문을 일정 시간 동안 모았다가 일시에 하나의 가격으로 체결하는 방식이다.

보통 주식의 주문 체결은 첫째 가격, 둘째 시간, 셋째 수량의 순서대로 체결되는데 '시간 우선 원칙'을 적용하지 않는다고 해서 '동시호가'로도 불린다. 단일가 매매의 도입 배경은 앞에서 언급한 '과열 현상 완화'에 있다. 코스피와 코스닥 모두 과열 양상을 띠는 종목은 '단기 과열 종목'으로 지정하고 단일가 매매를 강제로 진행한다. 단기 과열 종목 지정은 주가, 회전율, 변동성을 기준으로 이뤄진다. 다음의 3가지 중 하나에 해당할 때 지정된다.

- 주가의 경우 당일 종가가 직전 40거래일 종가의 평균 대비 30% 이상 상승한 경우
- 회전율의 경우 최근 2거래일 평균 회전율이 직전 40거래일 회전율 평균 대비 500% 이상 증가한 경우

• 변동성의 경우 최근 2거래일 평균 일중 변동성이 직전 40
거래일 일중 변동성 평균 대비 50% 이상 증가한 경우

단기과열 종목 지정에 대한 좀 더 자세한 내용은 한국거래소
(www.krx.co.kr)에서 '규정/제도→매매거래제도→유가증권시
장→시장 운영 및 관리→단기과열완화제도' 순으로 클릭해 들어가
면 확인할 수 있다.

단기 과열 종목으로 지정되면 거래일 간 정규 시장의 접속 매매
방식이 30분 단위의 단일가 매매 방식으로 변경되고, 시간 외 단일
가 매매의 경우에도 체결 주기가 10분에서 30분으로 변경된다. 해
제는 지정 기간(코스피 3거래일, 코스닥 10거래일) 경과 후 이튿날부
터 자동 해제되고 기준에 따라 연장되기도 한다.

단일가 매매는 단기적으로 이상·급등·과열 현상이 지속되는 종
목의 과도한 추종 매매, 불공정 거래를 예방하고 균형 가격 발견을
도모하기 위해서 진행된다. 단일가 투자자 주문을 일정 시간 동안
모아 한 번에 체결시킴으로써 투기성 매매를 억제하고 과열 현상을
완화할 수 있다.

30분 단위 단일가 매매 방식의 경우 투자자 주문을 접수 즉시 체
결시키지 않고 일정 기간 동안 주문을 모아 가장 많은 거래가 이뤄
질 수 있는 균형 가격으로 일시에 체결하는 방식으로 진행된다. 시
가(시초가), 종가 등을 결정할 때에도 적용되며 정규 시장에서는 총
14번의 체결이 이뤄진다.

┃06┃
상장 폐지 조건에 해당하는
기업은 조심하자

'상장 폐지'는 증시에 상장된 주식이 매매 대상으로서의 자격을 상실해 상장이 취소된 것을 말한다. 매년 3~4월이 되면 흔히 '상폐 시즌이 돌아왔다'라고 할 정도로 상장 폐지에 대한 뉴스가 자주 나온다. 보통 3월 결산 분기에 사업보고서를 발표하는데 사업보고서를 제출하지 않는 등의 사태가 벌어지기 때문이다. 상장 폐지는 투자자에게 직접적 손실을 주는 것이니만큼 각별한 주의가 필요하다.

사실 상장 폐지는 하루아침에 일어나지 않는다. 보통 상장 폐지에 앞서 관리 종목 지정이 진행된다. 상장 폐지 사유가 발생해 바로 거래 정지를 하면 투자자들에게 큰 피해를 줄 수 있으므로 일정 기간 관리 종목으로 지정해 투자자에게 주의를 환기하는 동시에 기업에 해당하는 기준을 해소할 기회를 준다. 일종의 유예제도라고 할 수 있다. 관리 종목 단계에서 기업이 지정 사유를 해소하면 지정 해제가 되고, 사유를 해소하지 못하면 상장 폐지가 진행된다. 구체적으로는 '상장 적격성 실질 심사'를 거쳐서 상장 폐지 여부를 심사하는 경우와 바로 상장 폐지 절차를 밟는 경우로 나뉜다.

'상장 폐지 실질 심사'란, 상장사가 공시 의무 또는 회계 처리 기준을 위반했거나 횡령, 배임 혐의 등이 발생했을 때 상장 유지 적격 여부를 결정하는 심사다. 상장폐지실질심사위원회는 거래소 담당 임원, 변호사, 회계사, 학계 관련자 등 인사들로 구성된다.

실질 심사에서 상장 유지에 부적합하다고 판정된 후에 해당 상장 사에서 이의 제기가 없으면 상장 폐지 절차에 들어간다. 그러나 해당 상장사가 이의를 제기하면 거래소 상장심의위의 심의를 거쳐 상장 폐지 여부가 결정된다. 한편, 퇴출 요건 중에서 정기보고서 미제출, 부도 발생, 자본 잠식 등 기존 상장 폐지 기준에 해당하는 상장 사는 실질심사제 도입 여부와 상관없이 기존의 절차를 거쳐 상장이 폐지된다. 관리 종목 지정은 기업공시채널(kind.krx.co.kr)에 들어가면 손쉽게 확인할 수 있고, 상장 폐지 조건은 한국거래소(www.krx.co.kr)에서 세부 내용을 확인할 수 있다.

'투자한 종목이 상장 폐지 절차에 들어가면 어떤 선택을 해야 할까?'

일어나서는 안 되는 일이겠으나 이후의 진행 과정을 미리 알아둘 필요는 있다. 만일의 사태에 대비할 수 있어서다. 최선의 대응을 위해 미래 정보를 취합하고 위험을 낮추도록 노력해야 한다.

첫째, 정리 매매 기간 중 헐값에 처분한다. 상장 폐지가 결정되면 마지막으로 주식을 처분할 수 있는 정리 매매가 진행된다. 거래가 바로 불가능해질 경우 기존 투자자들이 큰 피해를 보기 때문에 마지막 매매 기회를 부여해주는 것이다. 이 시기에 주식을 매도하지 못하면 주식에 대한 권리는 남아 있지만 거래는 할 수 없으므로 보유한 주식은 휴짓조각이 된다.

정리 매매는 7일 동안 진행되고 상한가, 하한가의 제한 없이 30분 간격, 단일가 매매 방식으로 진행된다. 일반적으로 주식 초보자에게는 정리 매매를 권한다.

둘째, 재상장을 기대하면서 보유한다. 해당 기업이 보유한 자산이 많거나 경쟁력이 있다면 재상장을 기대할 수 있다. 재상장의 선례가 있긴 하지만 재상장이 될 확률은 희박하다 할 수 있다.

셋째, 장외 거래를 통해 매도한다. 장외 거래는 개인 대 개인의 거래 방법이다. 사설 거래 사이트인 38커뮤니케이션(www.38.co.kr)과 금융투자협회에서 운영하는 K-OTC(www.k-otc.or.kr)에서 거래할 수 있다. 장외 거래를 통한 매도는 거래 안정성을 보장받을 수 없기 때문에 주의해야 한다. 주식 초보자에게는 쉽지 않은 방법이라고 할 수 있다.

┆07┆
기업의 자금 조달 방법,
유상 증자

유상 증자는 자금이 필요한 기업이 외부로부터 신규 자금을 투자받아 자본금을 늘리는 것이다. 유상 증자의 방식은 다음 3가지 형태로 나뉜다.

구분	대상	내용
주주 배정	기존 주주 대상	신주 배정 기준일(주주 우선 공모 증자 시에는 주주 확정일) 전 제3거래일을 기산일로 해 발행가를 산정
일반 공모	모든 투자자 대상	청약일 전 제5거래일을 기산일로 해 산정
제3자 배정	특정인 또는 특정 기관 대상	유상 증자를 위한 이사회 결의일(발행가액을 결정한 이사회 결의가 이미 있는 경우에는 그 이사회 결의일로 할 수 있음) 전일을 기산일로 하여 산정

돈이 되는 주식을 사라

'주주 배정'은 기존 주주들의 지분 비율에 따라 주식을 배정하는 방식이다. 발생하는 신주인수권을 모든 기존 주주에게 우선 배정한다. 그런데 모든 주주가 청약하지 않기도 해서 자금 조달에 문제가 생기기도 한다. 일반적으로 주주들에게 먼저 배정을 하고, 주주들이 청약하지 않아서 실권주가 되면 일반 공모로 진행한다.

'일반 공모'는 상장사가 신주를 발행해 모든 투자자를 대상으로 공모를 진행하는 방식이다.

'제3자 배정'은 해당 기업의 임원, 종업원, 거래처 등 연고 관계에 있는 자에게 신주인수권을 주고 신주를 인수시키는 유상 증자 방법이다.

투자자의 경우 기업의 유상 증자 소식을 접하면 다음 3가지를 확인해야 한다.

① 공모 방식: 앞에서 말한 유상 증자 3가지 방식 중에 어떤 방식인지 확인한다. 만약 제3자 배정 방식이라면 배정 대상자를 확인하고 인수 목적인지, 투자 목적인지를 파악한다.
② 조달 금액: 주주 배정 방식과 일반 공모 방식의 경우 조달 금액이 커질수록 기존 주주들의 부담이 클 수밖에 없다.
③ 조달 목적: 보통 조달 목적으로는 운영 자금, 시설 자금, 타 법인증권 취득 자금, 기타 자금 등이 있다.

금융감독원 전자공시시스템인 DART(dart.fss.or.kr)에 가면 공시 관련한 검색이 가능하다. 증자 방식은 무엇인지, 제3자 배정으로 한 증자라면 유상 증자 배정 대상자가 누구인지를 확인하는 것이 중요하다.

마지막으로 유상 증자가 시장에 미치는 영향을 알아보자. 증자의 방식에 따라 시장에 미치는 영향은 제각각이다.

첫째, 주주 배정 방식일 때는 공시 후에 단기적으로 가격이 하락하는 경우가 흔하다. 보통 장이 끝나고 유상 증자 공시가 나오면 다음 날 주가는 하락으로 마무리하는데 향후 반등하는 패턴을 보이는 경우도 많다. 그래서 주가가 하락한다고 공포감에 매도하기보다는 꼼꼼하게 살펴보고 대응해야 한다. 기준 대비 얼마의 주식이 발행되는지, 기업 실적과 전망은 어떤지, 재무 상태는 건전한지 등을 살핀 후에 단기적으로 접근할 것인지, 중장기적으로 접근할 것인지를 결정한다. 단기적 접근이라면 반등을 기다려 매도할 수 있고, 장기적 접근이라면 추가 매수로 대응할 수 있다.

둘째, 일반 공모는 주식 수가 늘어난다는 점 때문에 시장에서는 보통 악재로 꼽힌다.

셋째, 제3자 배정은 호재로 받아들이는 경우가 흔하다. 특히 강력한 투자자가 제3자 배정을 통해 신규 주주로 자리매김하거나 그 기업을 인수할 때 강한 호재로 작용한다.

정리하자면 시장에서 유상 증자는 제3자 배정 방식을 제외하고는 악재로 통한다. 하지만 이는 일반론에 가깝다. 실질적인 영향을 예상하기 위해서는 기업이 유상 증자를 통해 추구하는 목적이 무엇인가를 확인해야 한다. 재무구조가 취약해서 주가가 하락하는 상황에서는 증자가 재무구조를 개선하겠다는 의지로 읽혀 호재로 작용하기도 한다.

┼08┼
주식을 공짜로 준다고?
무상 증자

무상 증자는 주주들에게 신규 자금을 받지 않고 무상으로 주식을 발행해 나눠주는 것을 의미한다. 무상 증자를 하면 자본금과 발행 주식 수는 늘어나지만 기업 자산 크기에는 변화가 없다. 원리를 이해하기 위해서는 기업의 자산 구성에 대해 알아야 한다.

기업의 자산은 자기 자본과 타인 자본으로 구분되고 자기 자본은 다시 자본금과 잉여금으로 구분된다. 자본금은 주식 발행을 통해 모은 사업 자금으로 '주식 수×액면가'로 계산할 수 있다. 잉여금은 자본금을 바탕으로 사업을 벌여 거둬들인 이익이다. 바꿔 말하면 자본금은 기업을 설립하면서 확보한 자금이고, 자본 잉여금과 이익 잉여금은 기업을 운영하면서 얻은 손익이다.

돈이 되는 주식을 사라

- 자산=자기 자본+타인 자본

- 자기 자본=자본금+잉여금

- 자본금=주식 수×액면가

　일반적으로 기업이 무상 증자할 때는 잉여금을 활용해 주식을 발행한다. 전체 자본금에는 변화가 없지만 잉여금은 줄어든 만큼 자본금은 늘어나게 된다. 가장 많이 행해지는 1대 1 무상 증자의 경우 주주들에게 기존에 보유하고 있는 주식 수만큼 증자를 해주는 것이다. 100주를 갖고 있다면 100주를 무상으로 증자해주는 식이다. 무상 증자 전후의 자본금 구성은 다음 표와 같다.

구분	무상 증자 전 자본 구성	무상 증자 후 자본 구성
자본 (300억 원)	자본금(100억 원)	자본금(200억 원)
	자본 잉여금(100억 원)	자본 잉여금(50억 원)
	이익 잉여금(100억 원)	이익 잉여금(50억 원)

　무상 증자가 이뤄지면 보통 주가는 일정한 패턴대로 움직인다. 우선 인위적으로 하락하는 구간을 맞게 된다. 이는 권리락과 관련이 있다. '권리락'이란, 증자 기준일 이후 결제된 주식에 대해서는 무상 증자에 대한 배정 권리와 배당 권리가 없어지는 것을 말한다. 권리락을 발생시키는 이유는 주주 간의 형평성을 맞추기 위해서다. 배당, 증자를 받고자 한다면 배당 권리 확정 기준일 2일 전에 주식을

매수해야 하고, 기준일 전에 매도하거나 기준일 이후 매수하는 주식은 배정 및 배당 권리가 없다. 권리락으로 인해 주가는 조정을 받는다. 여기에 무상 증자로 주식 수가 늘어나고 유통 물량이 늘어난 것도 하락 요인으로 작용한다. 단기적으로 시장에 매도 물량이 쌓이면 주가는 하락할 수밖에 없다.

그러나 일정 시간에 걸쳐 매도 물량이 해소되면 조정을 받던 주가는 반등의 기미를 보인다. 무상 증자 주식이 상승세로 전환되는 데는 이해가 되는 이유가 있다.

첫째, 해당 기업에 대한 시장의 좋은 평가다. '무상 증자를 한다'는 기업 내부에 잉여금이 많다는 의미로 이해할 수 있다. 기업의 재무 건전성 또한 높다고 평가할 수 있다.

둘째, 늘어난 유통 주식 수가 투자를 더 쉽게 해준다. 특히 외국인이나 기관 투자자들의 투자가 쉬워져 주가 상승의 여력이 생긴다. 그래서 유통 주식 수가 증가하면 개인 투자자들의 관심도 높아진다.

셋째, 주주 가치가 제고되고 주가도 관리를 받는다. 앞서 설명한 대로 무상 증자는 잉여금을 자본금에 넣어서 만든 신규 주식을 주주들에게 나눠주는 이벤트다. 당연히 주주 가치가 올라간다고 볼 수 있다.

넷째, 기업의 주가 부양 의지를 확인할 수 있다. 기업이 무상으로 주식을 나눠주면서 주식 수를 늘리는 것은 그만큼 주가에 관심이 많기 때문이다. 기업이 주가에 관심이 많고 주가를 관리한다는 것은 시장에서 호재로 인식된다.

다섯째, 주가가 싸다고 느끼는 착시효과가 생긴다. 무상 증자를 통해 권리락이 일어나면 주가가 싸다는 착시효과가 나타난다. 기업의 가치는 변함이 없으나 투자자들의 태도는 변화한다. 관심이 높아지고 거래도 활발해진다.

종합해보면 무상 증자는 '단기적 악재, 장기적 호재'로 볼 수 있다. 물론 모든 무상 증자가 여기에 해당하지는 않는다.

무상 증자 계획을 사전에 알게 된 내부자가 미리 매집했다가 공시가 나오면 바로 매도하는 경우도 발생한다. 이때는 주가가 하락하므로 투자자들은 물량을 줄이면서 대응해야 한다. 사실 정보를 미리 안 내부자 등이 매집했다가 공시 이후 매도했다고 투자자는 알 수 없다. 주가가 하락하는데 거래량이 많이 터지면 그렇게 의심해볼 수 있다.

영업 손실이 난 상태에서 무상 증자를 하는 기업도 있으므로 주의한다. 실제로 일부 기업은 이익금을 활용하지 않고 무상 증자를 진행하기도 한다. 주식 발행으로 남은 주식 발행 초과금을 자본금 계정으로 옮기는 식이다. 그러나 기업이 적자 상태라면 주식 수가 늘어난다고 해도 배당금을 기대할 수 없기 때문에 주가 상승 역시 기대하기 어렵다. 투자 전에 기업의 재무 건전성은 반드시 확인해야 한다.

무상 증자 소식을 접한 투자자들은 기본적으로 신주 배정 기준일, 1주당 신주 배정 주식 수, 신주의 상장 예정일 등을 확인한다. 여기에 더해 재무 건전성을 살피는 과정도 꼭 필요하다. 저평가되어 있던 종목이 무상 증자를 한다면 강력한 호재라 할 수 있으며 총발행 주식 수가 적거나 유통 주식 수가 적을수록 주가 상승의 여력이 있다고 평가한다. 거기에 더해 주주에게 추가로 주는 주식 수가 많을수록 좋을 것이다.

이제 이야기할 개별 항목들을 꼼꼼히 확인하는 만큼 수익의 크기도 키울 수 있다.

재무 건전성을 보기 위해서는 기업의 재무상태표를 확인해야 한다. 재무상태표는 기업의 유동성, 수익성, 위험도 등을 평가하는 회계자료다. 기본적으로 자산, 부채, 자본으로 구성되어 있다. 이들이 어떻게 구성되어 있는지를 확인하는 것으로 해당 기업의 건전성을 평가할 수 있다.

자산은 클수록 좋으며 전년 대비 증감 비중을 확인하는 것도 중요하다. 부채는 작을수록 좋다. 그리고 부채 비율이 낮은 기업을 건전하다고 평가할 수 있다. 기본적으로 100%를 넘지 않아야 한다.

다음으로 실적은 기업의 이익이라고 할 수 있으므로 당기순이익을 꼭 확인해야 한다. 당기순이익은 경상 이익에 특별 손익 정산, 법인세 차감까지 한 최종 이익으로 순수 이익이라고 볼 수 있다.

마지막으로 유보율도 빼놓지 말아야 한다. 유보율은 영업 활동에서 생긴 이익인 '이익 잉여금'과 자본 거래 등 영업 활동이 아닌 특수 거래에서 생긴 이익인 '자본 잉여금'을 합한 금액을 납입 자본금으로 나눈 비율이다. 유보율이 높다는 것은 기업에 현금이 많다는 것을 의미한다. 흔히 유보율이 1,000% 이상인 기업은 '재무 건전성 양호' 진단을 받는다.

┃09┃
주식으로 전환되거나
주식을 받을 수 있는 채권

'전환사채(CB: Convertible Bond)', '신주인수권부사채(BW: Bond with Warrant)'는 주식 뉴스에 자주 등장하는 용어다. 엄밀히 말하면 사채라고 할 수 있는데 주가에도 큰 영향을 미친다. 그래서 투자하기 전에 CB, BW 발행 유무 또는 발행 계획을 꼭 확인해야 한다.

전환사채는 일정 기간이 지나면 주식으로 전환할 수 있는 채권을 말한다. 주식으로 전환할 수 있는 가격을 미리 정해서 발행하는데 향후 주가가 오르면 주식으로 전환해 시세 차익을 거둘 수 있다.

1년 후에 A 기업의 주식을 70,000원에 살 수 있는 전환사채를 샀다고 해보자. 1년 사이에 A 기업의 실적이 좋아져서 A 기업의 주가가 10만 원이 됐다. 전환사채로 30,000원의 시세 차익을 거둘 수 있다. 단, 전환권 행사를 하면 채권의 지위는 사라진다. 주식으로 전환하지 않고 만기까지 보유하면 이자 수익을 낼 수 있다.

신주인수권부사채는 사채권자에게 사채 발행 이후에 (사채를 발행한) 기업이 새로운 주식을 발행할 때 미래 약정된 가격에 따라 일정한 수의 신주를 인수할 수 있는 권리가 부여된 사채다.

앞에서 설명한 전환사채와는 '신주를 인수할 수 있는 권리가 부여된다'라는 점이 같다. 그런데 전환사채가 신주인수권을 행사할 경우 사채가 주식으로 변경되는 반면, 신주인수권부사채는 신주인수권을 행사해도 사채는 남는다는 차이점이 있다. 단, 신주인수권을 행사할 때 채권 소유자는 주식 매수를 위해 별도의 금액을 준비해야 한다.

단순 비교를 해도 전환사채보다는 신주인수권부사채가 더 매력적이라 할 수 있다. 그래서 일반적으로 신주인수권부사채의 이자는 전환사채보다 낮다.

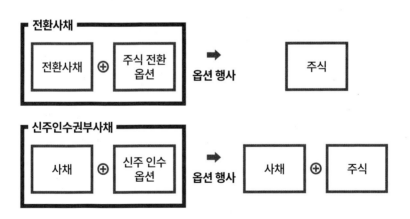

정리하자면 주식으로 전환되거나 주식을 받을 수 있는 권리가 부

여된 채권은 여러 장점을 갖고 있어서 투자자에게는 매우 좋다. 그러나 기존 주주들에게는 부담이 될 수밖에 없다. 기업의 가치(시가 총액)는 변하지 않는데 총발행 주식 수만 늘어나서 기존 주주가 갖고 있었던 가치는 떨어지기 때문이다. 이러한 채권의 발행 이력이 많거나 미상환 금액이 많으면 주가 상승에 부담이 되기 때문에 투자에 신중히 접근해야 한다. 또한, 발행 대상자를 잘 살펴보고 그 이력도 확인해야 한다.

전환사채권 발행결정				
1. 사채의 종류	회차	5	종류	무기명식 무보증 사모 전환사채
2. 사채의 권면(전자등록)총액 (원)				5,000,000,000

• 출처: 전자공시시스템(DART)

일례로 한 기업의 전환사채 발행 결정이 공고되면 권면 총액과 전환 청구 가능 기간을 잘 살펴봐야 한다. 권면 총액은 전환가액을 기준으로 해서 주식으로 전환할 수 있는 금액을 말한다. 이 금액이 많을수록 주가 상승에 부담을 줄 수 있다.

미상환 전환사채 발행현황 (기준일: 2020년 06월 30일)										(단위: 원, 주)
종류\구분	발행일	만기일	권면(전자등록)총액	전환대상 주식의 종류	전환청구가능기간	전환조건 전환비율 (%)	전환가액	미상환사채 권면(전자등록)총액	전환가능주식수	비고
제4회 사모 전환사채	2018년 12월 05일	2022년 12월 05일	5,000,000,000	기명식 보통주	2019.12.05 ~ 2022.11.05	100	4,269	4,650,000,000	1,089,248	(주)
합 계	-	-	5,000,000,000	-	-	-	-	4,650,000,000	1,089,248	

• 출처: 전자공시시스템(DART)

전환 청구 가능 기간은 채권을 주식으로 전환할 수 있는 기간을 말하는데 그 기간이 다가올수록 주가에 부담을 줄 수밖에 없다. 현재 주가가 전환가액보다 높다면 전환사채 물량이 매물로 나올 수 있고 결국 주가 하락의 요소가 될 가능성이 높다. 따라서 투자자는 미상환 전환사채의 기간과 금액을 잘 확인해야 한다.

장기 투자를 고려한다면 전환사채 발행이 기업의 미래에 어떤 영향을 미칠지도 고려해야 한다. 재무가 좋은 기업이 전환사채를 발행한다면 앞에서 설명한 대로 재무 악화 신호로 인식되어 악재로 작용할 수 있다. 반면 재무가 좋지 않은 기업의 전환사채 발행은 재무 개선 신호로 인식될 수도 있다. 또한, 시장 트렌드에 맞는 신사업의 목적으로 전환사채가 발행됐다면 시장에서는 호재로 작용할 수도 있다. 전환사채를 자주 발행되는 기업은 건전성을 의심해봐야 한다.

종합해보면 기업의 주식으로 전환되거나 주식을 받을 수 있는 채권의 발행은 단기냐, 장기냐에 따라 악재가 되기도 하고 호재가 되기도 한다. 단기적으로 보면 기업 입장에는 전환사채 금액만큼 부채가 늘어나기 때문에 부채 비율이 높아지고 재무제표에도 악영향을 준다. 그러나 채권 보유자에게 주식 전환권을 주는 대신 더 낮은 금리로 자금을 마련할 수 있다. 시간이 흘러 채권이 주식으로 전환되면 재무제표상의 채무가 줄어 재무 건전성도 좋아진다.

10

액면가를 낮추는 액면 분할, 액면가를 높이는 액면 병합

모든 주식에는 액면가가 있다. 증권에 표시된 권리의 명목상 가치로 증권의 권면에 표기된 금액이다.

상장 기업은 통일규격의 도안을 이용해 주식을 발행해야 하는데 무액면 주식(액면가 기재가 없는 주식)을 제외하고 1주당 액면가를 기재하게 되어 있다. 통상 100원, 200원, 500원, 1,000원, 2,500원, 5,000원 등 6종류의 금액 중에서 선택해 기재한다. 그런데 보통주의 액면가는 주식 발행 당시 기업이 정한 기준 가격일 뿐, 주식 시장에서 거래가 이뤄지는 시장 가격과는 아무런 관련이 없다. 일례로 2021년 10월 말 기준으로 70,000원대인 삼성전자의 액면가는 100원이고, 12만 원대인 카카오의 액면가도 100원이다. 두 기업 모두 액면 분할을 통해서 5,000원이던 액면가를 100원으로 낮췄으며 주식 가격도 낮아졌다.

여기서 액면가액은 처음 주식을 발행할 때 주식의 수를 결정하는 중요한 역할을 한다. 기업의 가치와는 무관하지만 발행되는 주식 수에는 영향을 끼친다. 예를 들어, 시가총액이 1억 원인 A 기업이 주식을 최초로 발행할 때 액면가를 500원으로 결정한다면 20만 주(=1억 원÷500원)를 발행하게 된다. 액면가를 5,000원으로 결정하면 2만 주(=1억 원÷5,000원)가 발행된다.

보통 액면가보다 주가가 높아야 정상적인 기업이라고 할 수 있다. 주가가 액면가의 20% 미만인 상태로 30일간 지속하면 관리 종목으로 지정된다. 90일 이내에 회복하지 못하면 상장 폐지 절차에 들어간다.

주식의 액면가에 영향을 주는 것으로 액면 분할과 액면 병합이 있다. 액면 분할은 주식의 액면가액을 일정한 비율로 나눠서 주식 수를 늘리는 것을 말한다. 납입 자본금의 증가 없이 기존 주식만을 갖고 발행 주식의 총수를 늘린다. 기업이 액면 분할을 하는 이유는 주가가 높아서 거래가 부진하거나 새로 주식을 발행하기 힘들어서다.

액면 분할을 하면 분할 비율에 맞춰 주당 가격이 낮아진다. 그래서 일부 투자자들은 주당 가격이 싸졌다고 느끼기도 한다. 실제로 투자자들의 접근이 좀 더 수월해져 거래도 활발해진다. 특히 대형주가 액면 분할을 하면 그동안 비싸서 못 산 투자자들이 이 기회에 사려고 접근하는 바람에 주가를 상승시키는 효과도 발생한다. 단, 시장에 유통되는 주식 수가 늘어나고 주가의 변동 폭이 커져 주가 상승에 방해가 되기도 한다. 경영권 방어를 위해 액면 분할을 하는 기업도 있다. 유통 주식이 늘어나면 적대적 M&A(인수·합병)에 노출되는 위험을 낮출 수 있기 때문이다.

액면 분할의 사례로 유한양행을 얘기해보겠다. 유한양행은 2020년 2월 27일에 주식 분할 공시를 했는데 액면가를 5,000원에서 1,000원으로 낮추는 내용을 담고 있다.

주식분할 결정

	구분		분할 전	분할 후
1. 주식분할 내용	1주당 가액(원)		5,000	1,000
	발행주식총수	보통주식(주)	13,371,362	66,856,810
		종류주식(주)	236,188	1,180,940
2. 주식분할 일정	주주총회예정일		2020-03-20	
	구주권제출기간	시작일	-	
		종료일	-	
	신주의 효력발생일		2020-04-07	
	매매거래정지기간	시작일	2020-04-03	
		종료일	2020-04-07	
	명의개서정지기간	시작일	-	
		종료일	-	
	신주권상장예정일		2020-04-08	
3. 주식분할목적			유통주식수 확대	

• 출처: 전자공시시스템(DART)

4월 3일부터 7일까지 3거래일간 거래 정지를 한 후, 4월 8일에 분할 신주가 상장됐다. 주식 수는 5배 증가했고 보통주 주가는 5분의 1로 조정됐다. 그런데 이후 주식 거래량은 눈에 띄게 늘어 액면 분할 전 6개월보다 4배 이상 증가했다.

액면 병합은 액면 분할의 반대 개념으로 보면 된다. 발행 주식 수를 합쳐 액면가액을 높이는 것이다. 액면가가 500원이던 주식을 1,000원으로 합치면 2주가 1주가 된다. 액면 병합의 경우에도 기업의 가치와 시가총액에는 변화가 없고 주식 발행 수만 감소한다.

흔히 말하는 동전주가 액면 병합의 주요 대상이 된다. 액면 병합을 하는 가장 큰 이유는 자본금의 변화 없이 주식 수를 감소시켜 기업 가치의 이미지를 쇄신시키고, 유통되고 있는 주식의 과도한 물량을 조절해 주가 관리를 상대적으로 수월하게 하기 위해서다.

결과적으로 액면 분할과 액면 병합 모두 주가 부양 차원에서 이뤄진다고 할 수 있다. 기업과 투자자들도 이 부분을 기대한다. 그렇다고 해도 투자자라면 액면 분할과 액면 병합만으로 주가가 상승한다고 착각해서는 안 된다. 실제로 가입의 가치와 시가총액은 변한 것이 없기 때문이다.

기업의 특정 사업 부문을 분리하는 인적 분할과 물적 분할

'기업 분할'이란 기업의 특정 사업부를 독립적으로 분리하는 것이다. 기업 분할을 하면 매각이나 인수·합병 시에 유리하다. 또한, 미래 가치가 있는 사업을 독립시킨 후 주력 사업으로 육성하면 기업의 전문성도 높일 수 있다.

기업 분할은 크게 인적 분할과 물적 분할로 나눈다. 인적 분할은 부부가 '이혼'을 하는 것이고, 물적 분할은 동거하던 자녀를 '분가'시키는 것이라고 할 수 있겠다. 이혼(인적 분할)을 하면 재산이 수평 분할되기 때문에 재산에 변화가 생기지만 분가(물적 분할)를 하면 수직 분할되기 때문에 변화는 생기지 않는다. 그렇다면 인적 분할과 물적 분할이 투자자에게는 어떤 영향을 미치는지 살펴보자.

인적 분할로 기업이 분할되면 주주도 비율만큼 기업의 주식을 소유하게 된다. 예를 들어, A 기업이 5대 5 기준으로 해서 B 기업과 C 기업으로 인적 분할을 한다고 해보자. 투자자가 A 기업의 주식을 100주 갖고 있었다면 인적 분할을 거치면서 B 기업의 주식 50주와 C 기업의 주식 50주를 보유하게 된다.

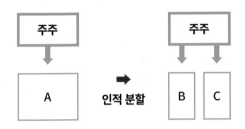

기업이 인적 분할을 하는 이유는 주식 매수 청구권 행사 없이 자금 부담을 덜 수 있고, 미래 가치가 있는 사업을 독립시키면 더 내실 있게 운영할 수 있어서다. 한 예로, 인적 분할을 통해 지주회사를 설립하면 분리 과정을 통해 지분 관계를 해소하고 그룹 전체를 지배할 수 있는 긍정적인 효과를 기대할 수 있다.

투자자 입장에서 보면 인적 분할은 주가에 호재일 경우가 많다. 그렇다고 해도 분할 방법과 분할 목적은 꼼꼼하게 살펴야 한다. 예를 들어, 지주회사의 요건을 갖추기 위해 인적 분할을 했는데 상장일 이후 지주회사의 주가는 하락하고 핵심 사업을 가져간 기업의 주가만 상승하기도 한다.

물적 분할은 기업의 여러 사업부 중 일부를 분리해 독립 법인으로 만드는 것이다. D 기업이 E 기업을 물적 분할했다면, D 기업에 투자한 주주는 이전처럼 D 기업의 주식만을 보유하게 된다. 기업의 가치 면에서도 D 기업이 독립 법인인 E 기업의 지분을 100% 소유하는 구조이므로 변화가 없다.

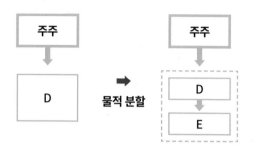

분할 관련해서 이슈가 됐던 LG화학을 예로 들어보자. LG화학은 전지 사업 부문을 물적 분할해 LG에너지솔루션으로 분사했다. 인적 분할을 선호한 주주들은 반발하기도 했다.

실제 시장에서는 '인적 분할은 호재, 물적 분할은 악재'로 인식하는 경향이 있다. 하지만 분할 방법과 분할 목적이 명확하다면 어떤 경우라도 주가는 상승 탄력을 받을 수 있다. LG화학 역시 물적 분할 이후 실적이 개선되어 주가가 상승하는 모습을 보였다.

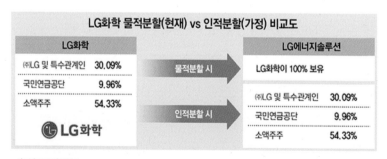

• 출처: 동아일보

3장

할 수 있다!
차트 분석!

기술적 분석의 기초라고 할 수 있는 차트는 사실 어렵지 않다. 주식 계좌를 개설하면 증권사에서 제공하는 HTS를 누구나 접할 수 있다. 차트는 다양한 기호를 통해 많은 정보를 전달하는데 이 중에서 투자자들은 캔들과 거래량, 이동평균선, 딱 이 3가지에 집중해야 한다. 이번 장에서는 이 3가지를 바탕으로 차트를 분석하는 방법을 설명하려고 한다.

기술적 분석의 핵심은 이 3가지를 통해 종목의 현재 상황을 진단하고 이에 대응하는 미래 시나리오를 그려보는 것이다. 변화를 예측한다기보다 대응한다는 생각으로 접근하는 것이 바람직하다.

차트를 통해 종목의 현재를 분석하고 미래 시나리오를 그려보는 연습을 시작해보자.

01
캔들, 이것만 알아도
충분하다

차트 이해의 핵심은 캔들과 거래량이다. 캔들과 거래량은 투자자의 심리를 대변한다고 해도 과언이 아니다. 캔들과 거래량에 담긴 투자자의 심리를 읽고 돈의 흐름을 읽는 연습을 꾸준히 하면 차트 분석을 통한 '잃지 않는 매매'를 할 수 있다.

차트는 캔들로 구성되어 있다. 캔들은 생성 시간에 따라 분봉, 일봉, 주봉, 월봉, 연봉 등으로 구분된다.

[캔들의 구분]

• 분봉은 1분봉, 3분봉, 5분봉, 10분봉, 15분봉, 30분봉, 60분봉 등으로 구분되며, 각각의 시간에 따른 등락을 표시한다.

• 일봉은 캔들 하나가 하루 동안에 일어나는 주가의 등락을

표시한다.

- 주봉은 일주일(5거래일) 동안의 등락을 표시한다.

- 월봉은 한 달(20거래일) 동안의 등락을 표시한다.

빨간색 캔들은 양봉이라고 하고, 파란색 캔들은 음봉이라고 한다. 양봉은 시가(시초가)보다 종가가 높은 날의 캔들이다. 음봉은 시가보다 종가가 낮은 날의 캔들이다.

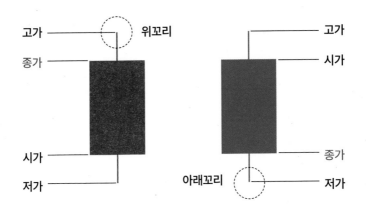

캔들의 위와 아래에 달린 긴 선을 '꼬리'라고 한다. 위에 달리면 위꼬리, 아래에 달리면 아래꼬리라고 부른다. 양봉에 위꼬리가 있으면 주가가 상승하다가 다시 종가만큼 하락했음을 의미하고, 아래꼬리가 있으면 시가 아래로 주가가 내려갔다가 다시 상승했다는 것을 의미한다.

음봉에 위꼬리가 있으면 시가 이상으로 상승했으나 어느 순간 시가 아래로 하락했다는 것을 의미하고, 아래꼬리가 있으면 주가가 종가 아래로까지 하락했다가 종가까지는 회복했다는 것을 의미한다.

양봉은 당일 주가의 상승을, 음봉은 당일 주가의 하락을 의미한다. 양봉이 출현하면 가격 상승을 이룰 만큼 '매수세가 강하다'라고, 음봉이 출현하면 가격 하락을 가져올 만큼 '매도세가 강하다'라고 이해할 수 있다. 다음은 양봉과 음봉의 여러 모양이다.

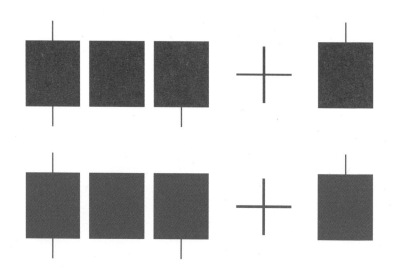

초보자 중에는 상승과 하락의 기준점을 '전일 종가'로 알고 있는데 당일 시가(시초가)가 기준이 되는 것으로 인지해야 한다. 전일 종가와 무관하게 당일 시가를 기준으로 주가가 오르면 양봉, 주가가 내리면 음봉이다. 양봉이라도 전일 종가보다 종가가 낮아 주가가 하락할 수 있고, 음봉이라도 전일 종가보다 종가가 높아 주가가 상승할 수 있다.

이제 캔들의 종류에 대해 살펴보자.

망치형 캔들 망치 모양처럼 생겼다고 해서 붙여진 이름이다. 캔들의 위꼬리가 없고 아래꼬리가 몸통 길이의 2배 이상 나왔을 때를 말한다.

망치형 캔들의 특징은 다음과 같다.

첫째, 바닥권에서 나오는 망치형 캔들은 신뢰도가 높다.

둘째, 아래꼬리가 길수록 매수세가 강하므로 꼬리의 길이를 잘 살펴봐야 한다.

셋째, 주가가 아래꼬리 이하로 내려가면 추가 하락을 예상할 수 있다.

망치형 캔들의 아래꼬리는 매수세가 유입되어 주가를 끌어 올렸음을 보여준다. 그래서 바닥권에서 나오는 망치형 캔들은 주가 상승이 나타날 것이라는 기대감을 보여준다. 꼬리가 길수록 매수세가 강하다고 할 수 있다. 이왕이면 하락하던 주가가 추세 전환을 할 때 나오는 것이 좋다. 그러나 망치형 캔들을 확인하고 매수했다고 해도 주가가 아래꼬리라고 할 수 있는 최저가 이하로 내려갈 수 있다.

역망치형 캔들 망치형 캔들의 반대 모양을 말한다. 만들어지는 원인도 반대라고 보면 된다.

역망치형 캔들의 특징은 다음과 같다.

첫째, 역망치형 캔들은 돈을 가진 세력만이 만들 수 있다.

둘째, 음봉보다 양봉의 역망치형 캔들이 추세 전환의 강력한 신호가 된다.

셋째, 역망치형 캔들이 20일 이동평균선을 올라타면 신뢰도가 더 높다.

역망치형 캔들의 경우 매수세보다 매도세가 강해서 종가에는 상승세를 반납하는 모습을 보이기도 한다. 하락 추세의 바닥인데 거래량을 동반하면서 역망치형 캔들이 출현하면 세력의 매집이라고 볼 수 있다. 기존에 물려있던 매수자들이 매도할 때 위꼬리가 만들어지는데 이때 세력이 매도 물량을 받으면서 매집을 한다. 만일 상승 추세의 고가에서 역망치형 캔들이 출현했다면 상승을 더 할 것을 기대하는 개미 투자자들에게 세력이 물량을 넘겼을(매도) 가능성을 배제할 수 없다.

또한, 1차 상승을 했던 주가가 조정하는 중에 역망치형 캔들이 나왔다면 2차 상승을 준비하고 있다고 볼 수 있다. 20일 이동평균선을 올라타는 모양의 역망치형 캔들이 나타났을 때 그 가능성이 더 높다.

도지형 캔들 매수세와 매도세가 치열한 공방을 벌인 끝에 만들어지는 캔들이다. 가격 변동을 일으키며 주가가 이동하지만 시가와 종가 간의 차이는 거의 없거나 크지 않다. 모양은 양봉의 십자형, 음봉의 십자형, 잠자리형, 비석형 등 4가지로 구분할 수 있다.

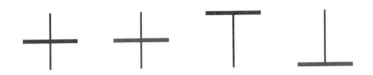

도지형 캔들의 특징은 다음과 같다.

첫째, 십자형 캔들은 추세 전환의 신호로 볼 수 있다.

둘째, 잠자리형 캔들의 출연은 단기적 상승 신호로 볼 수 있다.

셋째, 비석형 캔들의 출연은 단기적 하락 신호로 볼 수 있다.

양봉과 음봉의 십자형 캔들은 추세 전환을 알리는 캔들이다. 상승하던 주가 차트에 십자형 캔들이 나오면 하락 추세 전환을, 하락하던 주가 차트에 십자형 캔들이 나오면 상승 추세 전환을 기대할 수 있다.

잠자리형 캔들의 아래꼬리는 매수세가 유입됐음을 의미한다. 장 시작 후 매도세로 주가가 하락했지만 매수세가 유입되면서 상승으로 마감하는 모습을 나타낸다. 장 후반에 매수세가 유입되기 때문에 단기적으로는 주가의 상승이 나올 가능성이 크다고 보기도 한다. 하락 추세에서 거래량이 폭증한 가운데 잠자리형 캔들이 나온다면 단기적으로 주가가 상승할 여력이 크다고 할 수 있다. 반대로 상승 추세에서 잠자리형 캔들이 나왔다면 시세 차익을 위한 매도 물량이 나오면서 가격이 하락했다가 추가 상승을 기대한 매수세가 유입되면서 상승으로 마무리됐다고 해석할 수 있다.

비석형 캔들은 잠자리형 캔들과는 반대의 상황을 보여준다. 장 시작 후 매수세로 주가가 상승했지만 장 후반 매도세로 하락으로 마감하는 모습을 나타낸다. 장 후반에 강한 매도세가 있었기 때문에 단기적으로는 주가가 하락할 가능성이 크다고 예상할 수 있다. 또한, 하락 추세에서 거래량이 폭증한 가운데 비석형 캔들이 나왔다면 추가 하락을 막는 매수세의 유입으로 판단할 수 있다. 반대로 상승 추세에서 비석형 캔들이 나왔다면 시세 차익을 실현하고 매도한 물량이 많은 것으로 판단해 단기적 하락을 예상할 수 있다.

적삼병과 흑삼병 양봉이 연속해서 3개가 나온 때를 적삼병, 음봉이 연속해서 3개가 나온 때를 흑삼병이라고 한다. 적삼병은 상승하는 캔들로 강력한 매수세가 들어왔음을 의미하고, 흑삼병은 하락하는 캔들로 강력한 매도세가 들어왔음을 의미한다. 일봉과 주봉 모두에 적용된다.

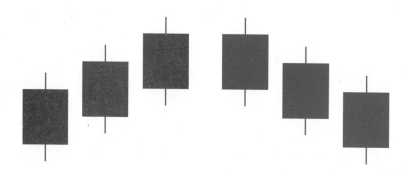

적삼병과 흑삼병의 특징은 다음과 같다.

첫째, 적삼병과 흑삼병은 상승과 하락의 신호를 보여준다.

둘째, 패턴 전환은 일봉과 주봉 모두에 적용된다.

셋째, 단기간 누적 매물이 많다면 반대 매매도 일어날 수 있다.

저가에서 나오는 적삼병은 가격 상승이 나타날 가능성이 높음을 보여주고, 고가에서 나오는 흑삼병은 하락 추세로 갈 가능성이 높음을 보여준다. 단, 적삼병의 경우 3일 동안 상승한 후에 매물이 쏟아지기도 하고, 흑삼병의 경우 짧은 기간에 낙폭이 커지면 매수세가 들어올 수도 있다.

┤02├
주가의 평균을 나타내는
이동평균선

이동평균선은 주가가 앞으로 어떻게 움직이는지를 예측할 때 이용하는 기술적 지표 가운데 가장 신뢰도가 높은 지표다. 특정 기간 동안 거래된 주가의 평균값을 연결한 선으로 5일선(5일 이동평균선), 20일선(20일 이동평균선)을 가장 많이 본다. 5일선은 5일 동안의 종가를 모두 더한 뒤 5로 나눈 값을 연결한 선이고, 20일선은 20일 동안의 종가를 모두 더한 뒤 20으로 나눈 값을 연결한 선이다.

주식 시장은 일주일에 5일만 열리기 때문에 5일선은 일주일간의 주가 흐름을 보여준다. 그리고 20일선은 1개월, 60일선(60일 이동평균선)은 3개월, 120일선(120일 이동평균선)은 6개월, 240일선(240일 이동평균선)은 1년, 480일선(480일 이동평균선)은 2년간의 주가 흐름을 보여준다고 할 수 있다.

이동평균선은 매수자들의 '심리선'이라고도 부른다. 투자자 대부분이 이동평균선을 통해 종목의 거래량이 몰리는 구간인 '매물대'와 주가를 받쳐주는 '지지선', 주가 상승을 못 하게 하는 '저항선'을 파악하기 때문이다.

짧은 기간의 이동평균선은 주가를 빨리 반영하며 기간이 길어질수록 주가를 늦게 반영한다고 본다. 일반적으로 단기 때보다 중기 때 지지와 저항이 강하고, 중기 때보다 장기 때 지지와 저항이 더 강하다. 이제 기간별 이동평균선을 활용한 일반적인 매매법에 대해 알아보자.

5일선을 활용해 매매한다면 5일선이 위로 향할 때 매수하고 5일선과 당일 주가 간 격차가 커질 때 분할로 매도하는 것이 안전하다(앞 페이지 차트 참고). 설사 분할로 매도를 했는데 상승한다고 해도 하락의 가능성을 아예 배제하지 못하기 때문에 욕심을 내기보다는 안정적인 분할 매도로 수익을 실현하는 것이 좋다.

20일선을 활용한 매매 역시 20일선에서의 지지를 확인한 다음에 매수하고 20일선과 당일 주가 간 이격이 커질 때 분할 매도로 대응한다(다음 차트 참고).

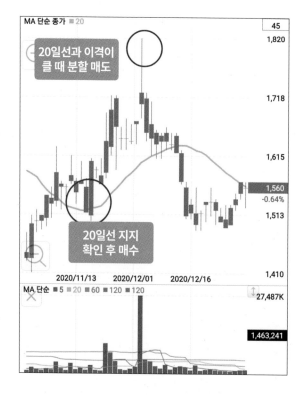

흔히 20일선은 '생명선' 혹은 '황금선'이라고도 부른다. 한 달간의

주가 상황을 보여주는 만큼, 20일선에 대한 투자자들의 신뢰도가
높기 때문이다. 그래서 투자자들의 의사 결정에도 큰 영향을 미친
다. 한편, 20일선과 당일 주가 간 이격이 큰 상황에서 음봉으로 위
꼬리가 길게 달린 캔들이 나오면 주가를 움직이는 주체(세력 등)가
매도를 통해 빠져나가고 있다고 볼 수 있다. 이때는 거래량을 보면
서 발 빠르게 대응해야 한다.

　60일선은 3개월간의 평균 주가를 연결한 것이다. 중기 추세선,
수급선이라고도 부른다. 흔히 하락하는 주가는 5일선과 20일선, 60
일선 등 이동평균선이 밀집한 구간을 만들게 된다. 선들 사이가 좁

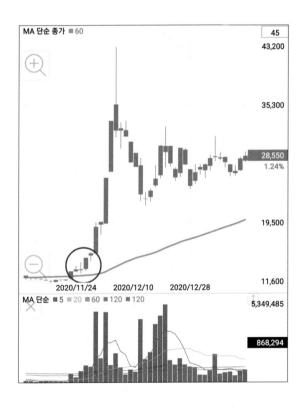

3장 할 수 있다! 차트 분석!

아지고 단기선이 장기선을 돌파해 상승하는 때가 찾아오는데 이때가 대상승의 초입이라고 볼 수 있다. 5일선이 20일선을 상향 돌파하거나 20일선이 60일선을 상향 돌파하는 상황을 '골든 크로스'라고 한다.

120일선은 6개월간의 평균 주가를 연결한 것이다. 120일선과 240일선은 중장기 시세선이라고도 부른다. 하락 중에도 지지를 받는 선이 될 가능성이 높다. 상승 추세의 '바닥'을 보여주기도 한다. 주가가 상승 중에 120일선에서 지지를 받으면서 쌍바닥의 모습을 보여준다면 좋은 매수 포인트라 할 수 있다.

240일선은 1년간의 평균 주가를 연결한 것이다. 상승과 하락을 반복하던 주가가 240일선을 뚫으면 큰 상승을 보인다. 240일선 아래에서는 상승할 때 저항을 많이 받지만 일단 240일선을 뚫게 되면 안착 후에 큰 상승이 나타난다. 주가가 240일선 근처에 왔다면 이후 240일선의 지지 여부를 보면서 분할 매수로 접근해도 좋다.

이동평균선에 근거한 매매는 안정적인 수익을 구하는 기초적인 접근법이다. 주가를 결정하는 요인은 너무도 다양해서 이동평균선의 규칙만으로 투자에 접근해서는 안 되겠지만 일반적인 흐름에서

는 이동평균선을 활용해 매매하면 안정적인 수익을 낼 수 있다. 물론 각각의 이동평균선을 활용하기 위해서는 좀 더 치밀한 공부와 계획이 필요하다. 나만의 시나리오부터 정하고 접근해야 한다.

이동평균선을 활용한 매매일수록 분할로 매수와 매도를 진행하는 것이 유리하다. 주가는 항상 공방이 이뤄지면서 요동친다. 횡보 후에 상승하거나 올랐다가 떨어지고 다시 상승하는 N자형 파동을 보이기도 한다. 그래서 가장 바닥에서 사서 가장 꼭대기에서 판다는 것은 사실상 불가능하다. 바닥이라고 샀는데 더 떨어질 수 있고 최고가라고 생각해 팔았는데 이후 더 오를 수 있다. 위험을 덜어내고 수익률을 높이기 위해서는 분할로 접근하는 것이 좋다. 구체적인 분할 계획을 세워서 실행한다. 매수한 후에 무조건 주가가 오르기를 기다리기보다는 이후 벌어질 상황에 대한 구체적인 기준과 대응책을 마련해야 한다. 대응책에는 손절선도 포함된다.

매도 타이밍은 위꼬리가 나온 음봉이 나올 때까지로 상정할 수도 있고 수익률로 결정할 수도 있다. 손절선도 구체적으로 상정한다. '120일선까지 빠졌다 상승한다'라고 예측해 매수했는데 주가가 계속 하락한다면 어떻게 해야 할까? 이러한 상황에 대비해 '240일선까지 깨지거나 -5% 이상 하락하면 손절하겠다'는 식으로 단기적인 대응책을 마련해야 한다. 좀 더 자세한 내용은 5장에서 살펴보도록 하겠다.

03
장세를 판단할 수 있는 지표, 거래량

거래량은 캔들과 함께 차트에서 가장 주목해서 봐야 한다. "주가는 속여도 거래량은 속이지 못한다"라는 말이 있듯이 거래량은 초보자도 쉽게 확인할 수 있게 드러난다. 거래량을 확인하면 주가에 막대한 영향을 주는 세력의 움직임을 어렵지 않게 간파할 수도 있다. 거래량이 증가하거나 감소한다는 것은 세력의 움직임을 볼 수 있는 유일한 지표다.

본격적으로 거래량과 주가가 어떤 상관성을 보이는지 알아보자.

첫째, 거래량이 증가하면 주가의 변동 폭이 커진다. 주가가 상승하는 도중에 거래량이 증가하면 상승 폭이 커진다. 반대로 주가가 하락하는 도중에 거래량이 증가하면 하락 폭이 커진다. 상승기에는 사려는 투자자들로 인해 거래량이 몰리고 하락기에는 더 떨어지기 전에 차익을 실현하려는 투자자들이 몰리면서 거래량이 커진다. 또한, 주가가 전고점을 돌파할 때는 이전 거래량보다 더 많은 거래량이 터져야 한다.

주가가 횡보하는 도중에 거래량이 증가한다면 매수 신호로 볼 수 있고, 거래량이 감소한다면 매도 신호로 볼 수 있다. 주가가 상승하면서 거래량도 점차 증가한다면 추가적인 상승이 올 수 있다.

둘째, 이동평균선을 돌파하는 자리에는 거래량이 몰린다. 주가가 장기 이동평균선(240일선, 360일선, 480일선 등)을 돌파할 때는 대량의 거래량이 나타난다. 특히 이동평균선이 하나로 모여 있다가 단기 이동평균선이 장기 이동평균선을 뚫고 올라가는 골든 크로스에서는 '터진다'라고 할 정도로 많은 거래량이 나타난다. 거래량의 많고 적음을 특정 수치로 평가하기는 어렵다. 그러나 일반적으로 상장된 주식 수, 혹은 유통 주식 수보다 거래량이 더 많이 나올 때 '거래량이 터진다'라는 표현을 쓴다.

셋째, 거래량을 통해 세력의 존재를 파악할 수 있다. 흔히 세력은 거래 당사자 중 주가에 영향을 많이 미치는 사람들이다. 개미 투자자와 대비되는 표현이다. 어떤 종목에 매수 세력이 강하게 유입되는 경우 캔들과 거래량은 즉각적인 반응을 보인다. 특히 거래량은 평균 대비 2~5배까지 상승하고 그 이상이 나타나기도 한다.

거래량은 유통 주식 수 대비로 확인해야 하는데 유통 주식 수 대비 100% 이상 회전되었다는 것은 세력이 있다는 단서이자 증거다. 흔히 고가에서 터지는 거래량은 세력이 개미 투자자에게 물량을 넘기고 수익 실현을 하는 것이라고 본다. 저가에서 터지는 거래량은 주식을 사들이는 매집 단계로 추정할 수 있다. 특히 주가가 박스권에 갇혀 횡보하고 있는 상황에서 전일 대비 2배 이상의 거래가 발생했는데도 주가는 7% 미만으로 움직였다면 세력이 주식을 사들이는 '매집' 상황으로 의심할 수 있다. 긴 횡보 후 박스권 하단에서 매집했다면 이후 주가는 상승세로 전환될 가능성이 크다.

거래량과 주가 간의 상관관계 때문에 거래량의 변화를 매매 신호로 활용하는 투자자도 적지 않다. 이들이 일반적으로 활용하는 매매 기법은 다음과 같다.

우선 거래량이 터진 종목을 찾아 예의 주시한다. HTS 또는 MTS를 통해 거래량 검색이 가능하다.

평소보다 거래량이 5~10배 이상 상승한 종목을 주목하면서 캔들의 위치와 모양, 재료 등도 종합적으로 보고 판단한다. 한 종목의 당일 거래량이 유통 주식 수의 30~50%가 된다면 세력이 존재한다고 판단하고 주가의 흐름을 유심히 살펴볼 필요가 있다.

다음 페이지의 그림은 HTS에서 볼 수 있는 종목 중 하나의 상세 페이지다.

유통 주식 수는 2,229만 주다. 12월 18일, 12월 23일, 12월 24일에 평균 대비 수십 배에 달하는 거래량이 나왔다. 유통 주식 수와 대비해보면 100~500%에 달했다.

예의 주시한 다음에는 캔들을 통해 매수와 매도 타이밍을 잡는다. 거래량이 치솟은 종목의 양봉은 매수 신호로 볼 수 있다. 거래량이

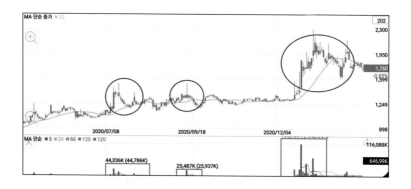

전일보다 2배 이상 나오면서 길이가 길지 않은 단봉의 양봉이 나온다면 매집 신호로 볼 수 있다. 거래량이 치솟았는데도 양봉의 길이가 길지 않는다면 기존에 물려있던 투자자들이 매도 물량을 쏟아내 주가 상승이 되지 못한 상황이라고 해석할 수 있다. 세력은 이러한 물량을 소화한 후에 주가를 끌어올린다. 이러한 흐름을 타면서 수익률을 높이는 것이다.

하락 추세에 있는 주가가 아래꼬리나 위꼬리가 길게 달린 캔들을 만든다면 매수 신호로 볼 수 있다. 거래량이 많이 몰리면서 매도 물량을 소화했다면 이후에는 쉽게 상승세로 전환이 가능하다.

단, 고점에서 거래량이 급증한 장대양봉과 장대음봉은 조심해야 한다. 장대양봉은 붉은색의 양봉으로 길이가 긴 캔들을 말한다. 매도세보다 매수세가 강하게 지배하고 거래량이 늘어날 때 나타난다. 장대음봉은 장대양봉과는 반대로 파란색의 음봉으로 길이가 긴 캔들을 말한다. 매수세보다 매도세가 강하게 지배되어 거래량이 늘어날 때 나타난다. 이 장대양봉과 장대음봉은 시세 차익을 노리는 세력이 물량을 내놓으면서 가격 변화를 크게 일으킬 때 나타날 수 있다.

횡보 상태에서는 거래량에 따라 매수 또는 매도를 결정한다. 주가가 횡보하고 있는 상황에서 거래량이 증가한다면 매수의 관점으로, 거래량이 감소한다면 매도의 관점으로 본다. 거래량이 전 거래일 대비 5~10배 이상 상승했다면 다음 날 주가가 어느 방향으로 움직이는지를 확인해야 한다. 거래량이 많고 주가가 5일선과 이격이 크지 않다면 5일선의 지지를 확인하고 매수의 관점으로 접근할 수 있다. 그러나 주가의 횡보 중에 거래량이 감소한다면 한동안 상승세를 만들기는 어려울 것으로 생각한다.

마지막으로 거래량 신호는 저항선과 지지선을 확인해야 의미가 있다. 유통 주식 수의 100%에 해당하는 거래량이 나왔다고 해도 고가에서 상승할 때는 저항선과 지지선을 고려해야 한다. 고가가 형성된 후에는 가격의 등락이 생기는 '가격 조정'과 고가를 지키며 지지부진하게 시간만 흐르는 '기간 조정'이 올 수 있다. 다시 상승하기까지 차익 실현 매물을 소화하는 과정을 거치기 때문이다.

자리를 지켜주는 시기는 매수 관점으로 접근할 수 있으나 저항선과 지지선을 꼭 살펴야 한다. 가격의 상승을 막는 저항선 인근인데 거래량 폭발이 없다면 추가 상승이 어렵고, 가격의 하락을 막는 지지선 인근이라면 더 이상 하락하는 위험은 크지 않을 것이다.

초보 투자자라면 거래량이 적은 종목은 피한다. 고수들은 거래량이 적은 종목에는 잘 투자하지 않는다. 보통 대주주 지분이 많아서 유통 주식 수가 적기 때문에 매매가 활발하게 발생하지 않아서다. 또한, 기업의 가치보다 주식 가격이 싼 경우도 있어서다.

┊04┊
누가 이기나 보자!
저항과 지지

주식 투자를 하면서 많이 듣는 말 중에 "내가 사면 떨어지고, 팔면 올라간다"가 있다. 수익과 손해는 매수와 매도의 타이밍이 결정짓는다고 할 수 있는데 그 시점을 아는 것이 쉽지 않다.

이제 매수와 매도 타이밍을 잡는 데 효과적인 '저항과 지지'에 대해 살펴보고자 한다. 주식은 상승과 하락을 반복하는데 특정 구간에 들어서면 움직임을 멈추고 방향을 바꾼다. 이때 상승을 막는 저항과 하락을 막는 지지가 항상 작용한다. 그래서 이 저항과 지지를 잘 포착하면 매수와 매도 타이밍을 잡는 것이 비교적 수월해진다.

'저항선'이란, 올라가던 주가가 일정한 가격대에서 다시 떨어지기 시작하는 선을 말한다. 손실을 본 투자자는 주가가 매수 평단가까지만 상승하면 바로 매도해 본전이라도 찾으려고 한다. 이렇게 매도 물량이 많아지면 상승하던 주가는 저항을 받을 수밖에 없다.

'지지선'이란, 내려가던 주가가 일정한 가격대까지 떨어지고 다시 상승하는 선을 말한다. 투자자는 주가가 매수 평단가까지 오면 '이 자리는 지킨다'라는 마음으로 추가 매수를 고려하게 된다. 이렇게 매수 주문이 많아지면 하락하던 주가도 지지를 받을 수밖에 없다. 저항선과 지지선은 모두 투자자의 심리가 발동하는 지점이라는 공통점이 있다.

초보자들이 저항선과 지지선을 손쉽게 확인하는 방법으로 '이동 평균선 확인'이 있다. 장기간의 이동평균선일수록 저항과 지지로서의 역할이 더 커진다. 현재 주가가 어느 이동평균선 근처에 있는지 확인하고 이동평균선이 저항선이 될지, 지지선이 될지를 판단한 후에 투자에 임하면 좋다.

다음 차트를 보자. 긴 박스권을 횡보하다 강력한 저항선이었던 8,250원을 돌파한 모습을 보였다. 이후 이 가격대는 지지선으로 바뀌었다.

돈이 되는 주식을 사라

신고가를 경신한 후 매수자들이 이익 실현을 하고 빠져나갔는데도 저항선에서 하락이 마무리되는 모양새를 보였다. 한 번 뚫린 저항선이 이후에 지지선으로 역할을 바꾼 상황이다.

이 같은 저항선과 지지선은 투자자에게 매수와 매도의 타이밍을 알리는 확실한 신호가 된다.

우선 매수의 경우 지지선을 확인한 후 분할로 접근한다. 지지선에 닿은 주가는 상승하는 것이 일반적이다. 그러나 지지선을 뚫는 경우도 배제할 수 없다. 더 밑으로 내려갈 수 있어서다. 이전의 지지선이 뚫리고 나면 저항선으로 역할이 바뀌고 이후의 상승을 막는 걸림돌이 되기도 한다. 지지선이 깨졌을 때를 대비해 안전하게 분할로 매수한다.

매도는 저항선 근처까지 주가가 올라왔을 때 실행한다. 주가가 저항선을 뚫을 수도 있지만 저항선에 부딪혀 하락할 수도 있다. 하락에 대비하면서 매도하되 저항선을 돌파했을 때는 과감하게 다시 매수하는 것도 고려해본다. 저항선을 뚫었을 경우 주가는 상승 여력이 더 커진다. 저항선을 돌파했을 때 거래량이 폭발적이었다면 비례해 상승 여력이 남아 있다고 평가할 수 있다. 그러나 아직 주가가 저항선 근처에 머문 상황이라면 매도의 관점으로 접근하는 것이 안전하다.

|05|
매물대, 일정 기간 특정 가격대에서
거래된 물량

거래량은 세로 막대 그래프로 만들어진다. 일별 혹은 특정 기간 거래량만 드러나므로 거래가 많이 이뤄진 특정 가격을 산정하기가 어렵다. 투자자가 특정 가격대의 거래량을 확인하고 싶다면 거래량 이동평균선이나 보조지표를 사용해야 한다.

실전에서 가격대별 거래량을 확인하기 위해 가장 많이 사용하는 것이 '매물대 차트'다. 매물대 차트는 가격대마다 거래가 얼마나 집중됐는지를 가로 그래프로 표시해 보여준다. 일정 기간 특정 가격대에 얼마만큼의 거래가 이뤄졌는지 한눈에 파악할 수 있다.

매물대는 지지와 저항을 확인하는 기준이 되기도 한다. 매물대 위에 주가가 있으면 지지의 역할을, 매물대 아래에 주가가 있으면 저항의 역할을 한다.

주가가 '매물대 위'에 있다면 매수가 많이 일어난 가격대를 이미 넘어섰음을 의미한다. 많이 매수한 구간을 돌파했기 때문에 주가가 떨어진다고 해도 '다수의 본전'이 되는 매물대 이하로는 잘 떨어지지 않는다.

반대로 주가가 '매물대 아래'에 있다면 주가가 상승할 때 상승을 막는 걸림돌이 된다. 주가가 내린 상태에서는 많은 매수자가 '본전만 되면 팔아버리겠다'라는 심정으로 주가 상승을 기다리고 있다. 자연스럽게 매물대 자리에는 많은 매도 물량이 기다리고 있는 상황이 된다. 그래서 쌓여 있는 매물 때문에 주가는 올라가기가 어려워진다. 만약 많은 거래량이 들어와서 주가가 매물대를 뚫고 상승한다면 이후 매물대는 '지지선'으로 역할이 바뀐다.

다음 차트를 보자. 박스권 상단에 매물대가 형성돼 있다. 매물대가 주가 상승의 저항선이 되는 모양새다.

2020년 11월 20일 주가가 상한가 근처까지 상승했지만 결국 종가는 10.59% 상승으로 마무리됐다. 이후 거래량이 터지면서 박스

권 상단을 뚫었고 2021년 2월 19일에 주가는 8,740원까지 상승한 후 박스권 상단 4,965원에서 지지를 받는 모습을 보여줬다.

매물대가 주가에 미치는 영향은 고점이냐, 저점이냐에 따라 차이가 있다. 매물대가 고가에 다수 형성이 되었다면 거래량을 통해 최근 진입 물량을 확인해야 한다. 최근에 발생한 재료와 호재, 이슈로 인해서 추가 상승을 기대하는 투자자나 단타로 진입한 투자자가 많은 경우가 흔하다.

반대로 매물대가 저가에 많이 있다면 주가의 상승 여력이 높다고 볼 수 있다. 높은 가격대에 매물대가 형성되어 있다면 해당 물량이 매도로 나왔을 때 소화를 해줘야 주가가 상승할 수 있지만 낮은 가격대에 매물대가 형성되어 있다면 매도 물량이 많지 않다고 볼 수 있다. 기존 물량이 저항선 역할을 해주게 되므로 상승 여력이 높다고 할 수 있다.

다음은 일반적으로 사용하는 매물대 관련 검색 조건이다(키움증권의 HTS 기준). 장중 혹은 장이 끝나고 매물대를 돌파하는 종목을 찾고자 한다면 다음의 검색식을 이용하면 된다(물론 다른 검색 조건과 마찬가지로 매물대 관련 검색 조건은 사용자가 임의로 지정할 수 있다. 그래서 다음 조건 검색은 대표적인 예시라 할 수 있다). 조건 검색은

√	지표	내용	값	삭제	▲	▼	↑	↓
☑	A	5일 매물대 상향 돌파	☐	X	▲	▼	↑	↓
☑	B	20일 매물대 상향 돌파	☐	X	▲	▼	↑	↓
☑	C	전일거래량대비 금일 첫 60분봉 거래량 100%이상	☐	X	▲	▼	↑	↓
☑	D	시가총액:<현재가기준> 30십억원 이상	☐	X	▲	▼	↑	↓
☑	E	[일]거래량:1000000이상 9999999990이하	☐	X	▲	▼	↑	↓
조건식	A and B and C and D and E		▼	!	( )(⊗)	X	?	

MTS로는 저장이 안 되기 때문에 HTS를 통해 입력과 저장을 해둬야 MTS로도 검색이 가능하다.

06
주가의 방향을
알기 쉽게 보여주는 추세선

'추세'란, 어떤 현상이 일정한 방향으로 나아가는 경향, 즉 방향성이다. 주가는 상승 혹은 하락의 방향을 가지고 움직이므로 추세의 영향력이 상당하다고 할 수 있다. 초보 투자자일수록 추세를 읽어 주가의 방향을 예측하고 지속과 이탈 여부를 확인하면서 매매에 임하는 습관을 들여야 한다.

주가는 상승 혹은 하락을 통해 고점과 저점을 만들면서 일정 패턴을 그리며 움직인다. 고점은 고점끼리, 저점은 저점끼리 선으로 연결하면 손쉽게 추세선을 그릴 수 있다. 이 추세선을 활용하면 종목의 추세 흐름을 살피면서 지지와 저항을 확인할 수 있다. 고점을 연결한 추세선은 어느 지점까지 주가가 상승할지를 예고하고, 저점을 연결한 추세선은 어느 지점까지 주가가 하락할지를 예고한다.

주가가 상승하고 있을 때의 저점 연결선은 강력한 지지 추세선이 되고, 고점 연결선은 강력한 저항 추세선이 된다. 주가가 상승하면서 지지 추세선 근처에 오면 매수 관점으로, 주가가 하락하면서 저항 추세선 근처에 오면 단기적 매도 관점으로 대응한다.

마찬가지로 하락 추세에 있는 차트에서도 저점 연결선과 고점 연결선을 연결해 추세선을 그린 다음, 매매에 활용한다. 매수와 매도 타이밍을 잡는 데는 저점을 연결한 추세선이 더 유용하다.

다음 차트에서는 저점을 연결한 지지 추세선을 유지하면서 상승하는 모습을 볼 수 있다. 특별한 악재가 없는 상황에서 일시 하락이 있기는 하지만 추세선의 지지를 받으며 움직이고 있다.

[저점과 저점을 연결해서 만든 지지 추세선]

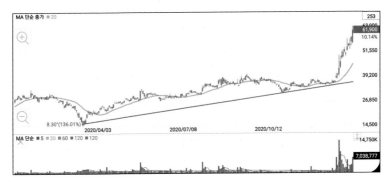

다음 페이지의 차트에서는 고점을 찍은 이후에 하락하는 추세를 볼 수 있다. 고점을 연결한 추세선은 강력한 저항선이 되었고 주가가 추세선에 닿으면 하락하는 모습을 보인다.

[고점과 고점을 연결해서 만든 저항 추세선]

　2020년 12월에 대량의 거래량을 동반하면서 장대양봉이 추세선을 뚫는 모습이 나왔지만 저항선이 지지선으로 바뀌지는 않고 있다. 추세선 부근에 매물대가 있어 쉽게 상승하기 어려워 보인다.

　새로운 추세는 지지선을 이탈하거나 지지선 혹은 저항선을 뚫으면서 시작될 수 있다. 이를 놓치지 않기 위해 투자자는 지속적으로 주가의 변화에 관심을 두고 살펴야 한다.

　일례로 하락하던 주가가 대량의 거래량을 동반하며 장대양봉이 나오고 추세 전환을 할 때는 장대양봉의 종가를 지켜주는지 확인한다. 주가 상승이 이어져 강력한 저항선이었던 부분이 강력한 지지선이 된다면 매수에 가담하는 것도 나쁘지 않다.

　상승하던 주가의 추세가 꺾이면 지지선이 저항선으로 바뀌는지를 확인하는 과정도 필요하다. 추세를 보이던 차트는 일시적으로 흐름이 무너지더라도 원래의 자리로 돌아가려는 속성이 있다. 성급히 매도하기보다는 추가적인 하락이 있는지, 전 저점을 지키며 하락이 멈추는지를 살펴보며 매도 타이밍을 잡아도 늦지 않을 것이다. 단, 추세선은 후행성 지표이기 때문에 맹신의 대상으로 삼아서는 안 된다. 시장의 흐름에 맞는 대응을 위한 참고 자료로 살펴야 한다.

덧붙여 말하는데 추세선을 적용한다면 일반적으로 중소형주보다 대형주에서 더 유용하다. 또한, 추세선을 그릴 때는 1개만 그리는 것이 아니라 여러 개를 그리면서 중첩된 부분의 데이터를 활용하는 것이 좋다.

07
정배열은 좋고
역배열은 나쁜 것일까?

차트의 이동평균선 모양은 선의 배열 순서 기준으로 정배열 상태와 역배열 상태로 구분한다.

정배열은 5일선, 20일선, 60일선, 120일선, 240일선이 아래로 차례로 배열된 상태다. 다시 말하면 240일선이 맨 아래에 있고 그 위로 120일선, 60일선, 20일선, 5일선이 배치된다. 역배열은 정배열의 반대로 240일선, 120일선, 60일선, 20일선, 5일선이 위에서 아래로 차례로 배열된 상태다. 단기 이동평균선인 5일선이 맨 아래에 있고 그 위로 20일선, 60일선, 120일선, 240일선이 배치된다.

흔히 투자자들은 "정배열은 좋고 역배열은 나쁘다"라고 한다. 무조건 정배열만 찾아 투자하겠다는 투자자도 있다. 그런데 주식 투자는 현상보다 그 안에 담긴 투자자의 심리가 중요할 때가 많다. 이동평균선의 정배열과 역배열 역시 단순히 이동평균선의 모양만 볼 게 아니라 그 안에 담긴 투자자들의 심리 상태를 이해하는 것이 우선이다.

앞에서 이동평균선은 저항과 지지를 보여주는 중요한 지표라고 설명했다. 거기에 더해 이동평균선에 담긴 투자자들의 심리 상태를 확인하고 이를 투자에 활용하는 방법을 살펴보도록 하겠다.

우선 이동평균선이 정배열 상태에 있다면 과거보다 현재의 주가가 높다는 것을 의미한다. 따라서 정배열 상태에서는 매수자 대부분이 수익을 본 상황에 있게 된다. 투자자들의 심리는 비교적 여유롭다. 단, 이동평균선 간의 이격이 커지면 수익 실현에 나서는 투자자가 많아질 수 있다. 이때 주가는 하락의 길로 들어선다. 따라서 정배열 상태일지라도 이격이 좁을 때는 분할 매수로, 이격이 커질 때는 분할 매도로 접근하는 것이 안전하다.

다음으로 이동평균선이 역배열 상태에 있다면 과거보다 현재의 주가가 낮다는 것을 의미한다. 따라서 역배열 상태에서는 많은 투자자가 손실을 보는 상황에 있게 된다. 높은 가격의 매물대에 몰려 있는 물량이 저항하면서 주가 상승에 악영향을 준다고 할 수 있다. 기업 상황으로 볼 때는 실적과 재무 상황에 문제가 있어서 역배열이 나타날 수도 있다. 또한, 해당 종목이 시장의 주도주가 아니라는 방증도 된다. 결과적으로 투자자들의 심리는 불편하고 불안해진다. 이런 상황에서는 투자에 주의해야 한다.

그런데 역배열에 있던 주가가 거래량을 동반하면서 정배열로 바뀐다면 주목할 필요가 있다. 이동평균선 간 간격이 줄고 이동평균선이 한 점으로 모여드는 상태가 되면 이동평균선 간의 새로운 배치가 시작된다. 바로 정배열 상태로 진행되는 것이다. 단, 역배열이 정배열로 바뀌기 위해서는 이전 저점보다 높은 가격에서 최근 저점이 생겨야 하고 그 저점을 지지해줘야만 한다. 5일선이 상승으로 향하는 변곡점은 좋은 포인트가 된다. 5일선이 120일선, 240일선, 360일선, 480일선의 장기 이동평균선을 돌파한다면 상승으로 갈 가능성이 매우 높다고 할 수 있다.

다음 차트를 보자. 역배열로 있던 이동평균선이 모인 이후에 거래량이 증가하면서 정배열 상태로 진입했다.

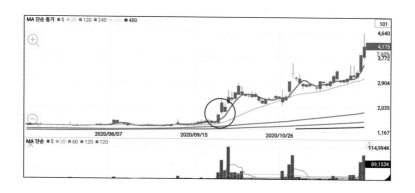

이후 상승하던 주가는 거래량을 줄이며 횡보했으나 20일선에서는 지지를 받았다. 이후 다시 거래량이 증가하면서 2차 상승을 맞았고 또다시 기간 조정과 가격 조정을 거쳤다. 이때 역시 20일선이 지지해줬고 이동평균선의 이격이 벌어지는 정배열 차트로 만들어졌다.

돈이 되는 주식을 사라

다음 차트를 보자. 역배열에 있던 주가가 저항선인 장기 이동평균선 240일선과 닿은 후에 다시 하락했다. 240일선에 3번 도전한 후 안착하는 모양새다.

흔히 주가는 저항과 지지를 여러 번 반복하다가 안착한 후에 상승으로 전환된다. 240일선에 안착할 때까지 관망하는 것이 안전하다. 만일 역배열 상태를 벗어나 정배열 상태로 갈 것을 예상하고 매수했는데 예상대로 진행되지 않는다면 일단 매도한 후에 관망하는 것이 나을 수 있다. '잃지 않는 매매'를 위해서는 손절라인을 지키고 다시 매수 타점을 잡아야 한다.

┃08┃
매집봉과 기준봉을 알아채고
투자에 활용하자

매집봉과 기준봉은 모두 박스권에서 '세력의 유입'을 확인하게 해주는 캔들이다. 발생 시점이 박스권 안이라면 매집봉, 박스권을 뚫고 간다면 기준봉이라고 말한다. 매집봉과 기준봉 모두 세력의 유입을 나타내는 것이므로 이후 주가의 상승을 예상할 수 있다. 노련한 개인 투자자는 이를 눈여겨보고 투자에 적극적으로 활용하기도 한다.

'매집'이란 주식을 사서 모으는 것, 즉 물량을 가져가는 것을 말한다. 주가가 박스권에 있으면서 세력이 개인 투자자들의 물량을 사들일 때 매집봉이 나타난다. 전날 혹은 그 전날보다 거래량이 2배 이상 늘어나면서 몸통은 짧게 나타나는 캔들을 매집봉이라고 말한다.

매집봉은 보통 몸통의 길이가 짧을수록 신뢰도가 높다. 세력은 개인 투자자들이 눈치채지 못하게 은밀하게 매집하는데 이때 거래량은 증가해도 양봉의 크기는 키우지 않으려고 한다. 딱히 기준이 있지는 않으나 종가 기준 3~7%를 이상적이라고 본다.

보통 매집봉 중에는 위꼬리가 긴 것이 많다. 매물대의 물량을 소화하던 중에 가격이 올라갔다가 하락한 것일 수도 있고, 단순히 물량을 가늠하기 위해 테스트를 한 것일 수도 있다. '매물대의 물량을 소화한다'는 오랜 시간 물려 있던 개인 투자자들이 털고 나가는 물량을 세력이 받는 것을 말한다. '물량 테스트를 한다'는 세력이 주가를 올리기 전에 더 나올 물량이 얼마나 되는지를 확인하는 것이다. 물량을 확인하고 매집을 더 해야겠다고 결론을 내리면 주가를 횡보시키면서 개인 투자자들이 지치게 만든다. 지친 개인 투자자들이 물량을 내놓으면 매집하는 식이다.

세력의 매집은 장이 끝난 후에는 일봉과 거래량으로 확인할 수 있다. 장중에는 30분봉을 통해 확인할 수 있다. 30분봉에서 연속된 거래량이 나왔다면 매집 상황으로 판단할 수 있다. 처음으로 거래가 들어온 캔들의 시초가를 깨지 않고 저점을 높이면서 상승한다면 신뢰성이 더 높다. 매집봉을 투자에 활용할 경우 거래가 처음 들어온 캔들의 저가가 깨질 때를 손절라인으로 잡으면 된다.

다음 페이지의 차트를 보자. 30분봉에서 거래량이 점차 증가하면서 주가도 상승하는 것을 볼 수 있다.

MA 단순 종가 ■240

30분봉에
볼 수 있는 매집봉

거래량 증가

MA 단순 ■5 ■20 ■60

12/11 12:30   12/15 14:30

126
2,737
2,670
2,604
2,590
-0.58%
2,537
2,470
167,459
143,622

3분봉이나 5분봉으로 볼 때는 보이지 않던 연속된 매수세를 30
분봉에서는 확인할 수 있다. 이날 종목의 매집봉이 만들어졌다.

기준봉은 긴 시간 동안 횡보를 하며 박스권에 갇혀 있던 주가가
박스권을 강력하게 뚫어줄 때 출현한다. 이때 거래량은 전날 혹은
전전날보다 2배 이상 증가한다.

기준봉이라는 명칭은 박스권을 돌파하며 (기준봉이) 만들어진 자
리가 새로운 시세의 기준이 되고 지지선 역할을 한다고 해서 붙여
졌다. 기준봉의 시초가는 강력한 지지라인이 되고 종가는 저항선이
된다. 기준봉이 확실한 역할을 하는지를 확인하기 위해서는 이후
주가가 돌파한 박스권의 상단 부분을 지켜주는지 지켜봐야 한다.

다음 페이지의 차트를 보자. 박스권을 만들면서 횡보하던 주가가
2020년 8월 7일에 22.11% 상승하면서 박스권을 돌파했다. 이렇게
기준봉이 나왔고 이후 주가는 기준봉의 종가를 지켜주는 모습을 보
여줬다. 거래량이 터지자 주가는 상승했다. 이후로는 20일선을 지
지하면서 상승하는 모습을 보여줬다.

MA 단순 종가 ■5 ■20

박스권 돌파하는
기준봉

2020/07/02   2020/09/01   2020/11/04

MA 단순 ■5 ■20 ■60 ■120 ■120

그렇다면 기준봉과 매집봉을 투자에 어떻게 활용할 수 있을까?

먼저 거래량이 급격히 증가한 가운데 장대양봉, 역망치 양봉이 출현하는지 주목한다. 거래량이 급감하면서 양봉이 시가를 이탈할 때가 포인트가 된다. 매집봉과 기준봉이 만들어지면 거래량이 늘어나면서 시초가를 깨지 않는 가운데 상승과 하락을 반복한다. 이때 저점을 찾아 분할로 매수한다. 구체적으로는 시가 이탈 후 단봉의 양봉이 출현할 때가 매수 타이밍이다. 만일 단봉으로 저가 이탈이 나타나면 손절로 대응한다.

이후 추세가 꺾이면서 하락과 함께 거래량이 많아지는 지점이 나타나면 매도 사인으로 본다. 주가가 고점을 찍은 후에는 20일선을 깨면서 하락하는 모습이 나타난다. 고점에서 5일선을 깨는 모습이 보이면 분할로 매도하고 추세를 이탈하면 전량 매도로 대응한다.

다시 한번 강조하지만 5일선은 단기적으로 투자자들의 심리를 반영하는 이동평균선이다. 기본적으로 주가가 5일선을 깨고 내려가면 매도, 5일선을 타고 상승하면 매수의 관점으로 대응한다. 매집봉과 기준봉의 활용에서도 같은 접근법을 취하면 된다.

매집봉이 나온 종목을 찾고자 한다면 다음의 검색식을 이용한다 (키움증권의 HTS 기준). '매집봉이 나왔다'는 이전의 거래량보다 더 많은 거래량이 나왔음을 의미한다. 검색식에서는 거래량 비율을 더 높게 설정할 수 있다. 또한, 매집봉은 장대양봉보다는 단봉의 양봉을 찾는 것이 더 적합하다. 따라서 주가 등락률은 3~10%로 설정한다. 그 이후에 지속적으로 주가의 흐름을 추적 관찰할 필요가 있다.

√	지표	내용	값	삭제	▲	▼	↑	↓
☑	A	거래량비율(n봉):[일]1봉전 거래량 대비 0봉전 거래량 비율 400%이	☐	X	▲	▼	↑	↓
☑	B	주가등락률:[일]1봉전(중) 종가대비 0봉전 종가등락률 3%이상 8%이	☐	X	▲	▼	↑	↓
☑	C	[일]거래대금(일:백만, 분:천) 30000이상 9999990이하	☐	X	▲	▼	↑	↓

조건식	A and B and C	▼	!	(	)(⊗)	X	?

09
주가는 바닥을 잘 다질수록
잘 간다고?

이동평균선과 추세선에는 일정 패턴이 존재한다. 대표적으로 폭락 후 대상승이 나타나는 V자형 반등, 고점에서 하락 추세 중에 나타나는 머리 어깨형, 저점에서 상승 추세 중에 나타나는 다중 바닥형이 있다. 이 중 초보자들이 쉽게 매수 시점을 잡을 수 있는 다중 바닥형을 소개하고자 한다.

다중 바닥형은 '쌍바닥', 'W자형', '삼중 바닥' 등으로 표현하는데 차트상에서 쉽게 확인할 수 있고 매수 타이밍을 잡는 데도 큰 도움이 된다.

바닥이 2개라는 의미의 쌍바닥과 3개라는 삼중 바닥은 이동평균선이 하락과 상승을 반복하며 W자형 혹은 3개의 하락 상승기를 그리는 것을 말한다. W자형은 바닥이 2번, 삼중 바닥형은 바닥이 3번

드러나는 식이다. 다중 바닥 패턴이 나타나는 것은 주가가 바닥을 다진 상태에서 하락 추세를 끝내고 상승 추세로 돌아서고 있음을 의미한다. 하락 중인 종목에 저가 매수세가 들어오면 매도 물량이 소화된 후 주가를 상승시키게 된다.

가장 많이 언급되는 다중 바닥은 '쌍바닥' 형태인데 다시 3가지 모양으로 분류할 수 있다.

① 첫 번째 바닥과 두 번째 바닥의 저점이 같은 모양
② 첫 번째 바닥이 두 번째 바닥보다 저점이 낮은 모양
③ 첫 번째 바닥이 두 번째 바닥보다 저점이 높은 모양

보통 첫 번째 바닥보다 두 번째 바닥의 저점이 높을수록, W자형에서 두 번째 바닥의 기울기가 더 가파를수록 상승세가 강하다. 이때 거래량이 높게 나타나면 상승 탄력을 더 받는다. 반대로 첫 번째 바닥의 저점이 두 번째 바닥보다 높으면 실망 매물이 나오면서 하락 추세로 진행될 가능성이 높다.

삼중 바닥은 쌍바닥에서 바닥을 한 번 더 다지는 모양새로 세 번째 바닥의 저점이 반드시 높아져야 한다. 그 대신 매물대를 소화하면서 천천히 가도 더 큰 상승을 보일 수 있다. 삼중 바닥에서도 저점은 점차 높아져야 하고 마지막 바닥권에서 거래량도 이전보다 증가해야 한다. 이렇게 저점과 고점을 차례로 높이면 추가 상승 확률이 높아진다.

다음 차트를 보자. 단기적으로 쌍바닥을 만들면서 주가가 상승하는 모습을 볼 수 있다.

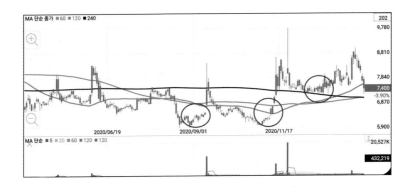

첫 번째 바닥과 두 번째 바닥의 저점이 같은 경우인데 첫 번째 바닥을 찍고 주가는 장기 이동평균선인 240일선 위로 올라섰다. 위꼬리가 긴 매집봉이 출현한 후 주가가 하락하는 모양새지만 다시 상승하면서 240일선 위에 안착했다. 이후 주가는 세 번째 바닥에서 추가로 상승했다. 이때 240일선은 강력한 지지선이 되어 가격을 지켜줬다.

매매 관점에서 보면 다중 바닥의 경우 120일선과 60일선을 돌파하는 구간을 매수 타이밍으로 볼 수 있다. 120일선과 240일선 전후로 쌍바닥이 형성되고 저점을 높이는 삼중 바닥이 나온다면 1개월 이상 보유한다는 계획으로 접근하는 것이 좋다. 종목에 확실한 재료가 있고 의미 있는 거래량이 나오는 경우가 가장 좋다.

10
골든 크로스는 매수,
데드 크로스는 매도

크로스는 교차, 즉 가로지르는 것을 의미한다. 주식 차트에서 의미 있는 크로스로는 골든 크로스와 데드 크로스가 있다.

골든 크로스는 역배열이었던 이동평균선이 위에서부터 단기·중기·장기 이동평균선 순으로 배열되는 정배열 상태로 변경되는 것을 말한다. 범위를 좁혀 보면, 5일선이 20일선 아래에 있다가 위로 돌파하는 때를 골든 크로스라고 한다.

주가에서 20일선은 생명선이라고 부를 만큼 지지와 저항에 큰 역할을 한다. 단기 이동평균선인 5일선이 20일선의 강력한 저항을 뚫고 올라서면 이후로도 강한 상승을 일으킬 수 있다는 것을 보여준다. 따라서 5일선이 20일선을 뚫고 올라가는 골든 크로스는 투자자들에게 강력한 매수 신호가 된다.

데드 크로스는 골든 크로스와 반대 개념으로 정배열이었던 이동
평균선이 역배열로 바뀌는 것이다. 주가의 단기 이동평균선이 중장
기 이동평균선 아래로 내려간다. 범위를 좁혀 보면, 5일선이 20일
선 아래로 내려갔을 때를 데드 크로스라고 한다.

골든 크로스가 강력한 매수 신호라면 데드 크로스는 강력한 매도
신호라 할 수 있다. 투자 전략에 따라서 대응(매수, 매도)은 다르겠지
만 단기 투자일수록 5일선과 20일선의 흐름을 유심히 살펴볼 필요
가 있다.

다음 차트는 골든 크로스를 보여주고 있다. 20일선 아래에 있던

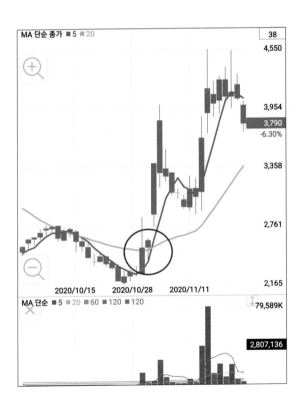

5일선이 골든 크로스가 되는 날에 거래량을 나타내는 그래프가 높게 치솟은 것을 볼 수 있다. 역배열 상태에서 한 점으로 모였던 이동평균선은 골든 크로스 이후 주가가 상승하며 정배열로 역전된다.

다음 차트는 데드 크로스를 보여주고 있다. 5일선이 20일선 아래로 내려가면서 데드 크로스가 되는 모습을 볼 수 있다. 이후 주가는 반등 없이 120일선까지 하락하는 모습을 보였다.

11
갭이 출현하면
재료 확인이 먼저다

차트에서 고가와 저가 사이에 공간이 생기는 것을 '갭'이라고 한다. 주가가 급등락하는 중에 나타나는데 전날 종가보다 위에서 시초가가 형성되는 것을 '상승 갭', 전날 종가보다 아래에 시초가가 형성되는 것을 '하락 갭'이라고 한다.

상승 갭은 종목에 대한 호재가 생겨서 주가가 급등한 경우에 나타나기도 하지만 세력이 개인 투자자들에게 물량을 떠넘길 때 나타나기도 한다. 하락 갭 역시 악재가 생겨서 주가가 급락한 경우에 나타나기도 하지만 세력이 개인 투자자들의 물량을 뺏어갈 때 나타나기도 한다. 투자자는 갭이 출현하면 발생 원인(재료)을 확인하면서 대응해야 한다.

보통 상승 갭으로 시초가를 형성하면 호재가 있는 것이고, 하락 갭으로 시초가가 형성되면 악재가 있는 것으로 이해한다. 호재나 악재의 크기가 클수록 갭의 공간도 커진다. 또한, 갭은 이후에 지지와 저항의 기준이 될 수 있다.

그렇다면 상승 갭과 하락 갭은 어떻게 대응해야 할까? 상승 갭 중에서는 상승 돌파 갭을 유의할 필요가 있다. 상승 돌파 갭은 특정 저항선대를 돌파한 갭을 말한다. 단기 투자자들이 선호하는 캔들이기도 하다. 매수 타이밍을 잡고 접근하되 갭이 박스권 상단을 깨면 수익 실현 시점을 찾으면서 대응한다. 앞에서 설명했듯 강력한 저항선은 강력한 지지선이 될 확률이 높다. 그래서 박스권을 돌파한 상승 돌파 갭의 지지라인은 박스권의 상단이 될 수 있다.

다음 차트를 보자. 12월 23일에 갭 상승으로 시초가를 형성했다.

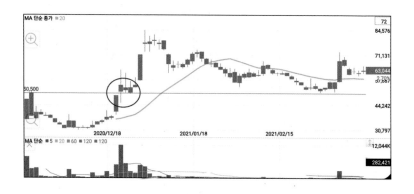

당일 장중에 아래꼬리가 붙으면서 갭 상승했던 곳은 깨졌지만 종가는 11.24% 상승으로 마무리됐다. 이후 주가는 전고점 50,500원을 지지해주면서 상승하는 모습을 보였다.

하락 갭이 나오면 매수의 기회로 판단하기보다 관망하기를 권한다. 특히 하락 갭 이후 떨어진 주가가 갭을 메우며 상승해도 추격 매수는 신중해야 한다. 하락 갭이 전일 종가를 돌파하지 않으면 하락세가 더 이어진다고 해석해야 한다. 상대적으로 주가가 싸졌다고 매수를 하기보다는 하락 갭 출현 전 가격을 지지해줄 때까지 지켜보는 것이 좋다.

하락 갭 전 캔들의 시초가는 저항선이 될 가능성이 높다. 주가가 더 하락할 것을 예상한 투자자의 경우 매수 평균가(본전)까지 가격이 상승하면 팔고 나가려는 심리가 강하다. 이 때문에 하락 갭 전 캔들의 시초가 인근에서는 물량을 던지는 투자자가 많아진다. 가격 하락을 막을 정도로 지지가 되는지를 꼭 확인해야 한다.

┤12├
이동평균선이 밀집한 차트는
왜 중요할까?

'이동평균선의 밀집(수렴)'이란, 단기와 장기 이동평균선이 한곳에 모이는 것을 말한다. 밀집 이후 이동평균선은 방향을 정하고 추세를 형성한다. 이때가 투자에 중요한 분기점이 되므로 상황을 주시해야 한다. 그렇다면 이동평균선의 밀집은 왜 나타날까?

우선 종목에 대한 투자자들의 관심이 떨어진 경우다. 매수 혹은 매도의 움직임이 없어져 거래량도 나오지 않는다.

그다음으로 매수세와 매도세가 균형을 이룬 경우다. 매수세가 강하다면 캔들은 이동평균선 위에 위치하고, 매도세가 강하다면 캔들은 이동평균선 아래에 위치한다. 매수세와 매도세의 공방이 끝나면 균형을 이루면서 거래량이 줄어들고 이동평균선이 밀집하게 된다.

이동평균선이 밀집된 상황에서는 급락과 급등이 나올 수 있다. 이동평균선이 밀집된 이후에 주가가 상승하면 보통 투자자는 매도보다 보유의 관점으로 접근한다. 매수 세력이 붙을 수 있다. 반대로 주가가 하락하면 투자자들의 심리를 자극해 투매가 나올 가능성이 높다. 투자자의 심리가 주가에 가속도를 더해 급락과 급등을 일으키는 것이다.

'이동평균선이 밀집되면 무조건 상승한다'라는 고정관념을 갖지 말고, 상승과 하락이라는 2가지 가능성 모두를 열어놓고 정보를 구해야 한다. 공시, 뉴스, 재료가 있는지 확인하면서 조심스럽게 대응한다.

만일 이동평균선이 밀집된 이후에 돈을 가진 주체가 개입한다면 거래량이 급등하면서 상승 추세가 확정될 것이다. 매집량이 부족하다고 판단할 경우에는 개인 투자자들이 주식을 투매할 수 있는 상황을 만들어 매집을 계속할 것이다. 이렇게 횡보의 시간을 거친 후에 주가 상승이 나타난다. 반대로 주체의 개입이 없다면 주가는 거래량 없이 하방으로 갈 가능성이 높다. 개인 투자자의 경우 추세가 상승으로 가는 것을 확인하고 매수에 나서야 한다. 그렇다면 투자자는 이동평균선의 밀집에 어떻게 대응해야 할까?

이동평균선이 밀집하고 있다는 것은 힘을 모으는 과정으로 이해하면 된다. 종목을 관심 있게 지켜보면서 거래량이 터지고 정배열의 모습을 보여줄 때를 매수 타이밍으로 잡는다.

추세선이 무너지지 않은 우상향 차트에서 이동평균선이 밀집됐다면 상승으로 갈 가능성이 높다. 반대로 우하향 차트에서는 이동평균선이 밀집했더라도 매수에는 신중할 필요가 있다. 우하향 차트가 추세를 바꾸고 상승으로 가는 데는 시간이 많이 필요하다. 기회비용을 생각하면서 때를 기다려 정확한 타이밍을 잡는 것이 낫다.

4장 투자자가 확인해야 하는 핵심 체크 리스트

투자자가 매매할 때 고려해야 하는 것은 한두 개가 아니다. 세계 각국의 증시부터 환율, 유가, 그리고 매일 새롭게 쏟아지는 공시까지 챙겨야 할 것이 헤아리기가 어렵다.

시시각각 변하는 시장 상황을 제대로 파악하기 위해서는 체크 리스트가 필요하다. 매일 변화를 확인해야 하는 것부터 매매 시에 확인해야 하는 정보, 기업 공시를 확인하는 방법, 새로운 정보를 주가와 연결해 해석하는 방법까지 확인해야 하는데 이와 관련한 체크 리스트를 만들면 투자 승률을 높일 수 있다.

이번 장에서는 이 체크 리스트에 대해 알려주고자 한다. 아울러 주식 투자에 필요한 트렌드 분석과 하락장 또는 폭락장 대처법, 공모주 청약 등에 대한 내용도 담았다.

┤01├
주식 매매 시
꼭 봐야 하는 사이트

정보는 주식 투자의 소중한 자산이다. 많이 알고 있는 것도 중요하지만 올바른 정보를 취사선택하는 것도 중요하다.

이번에 주식 매매를 할 때 필요한 정보를 얻으면서 참고할 만한 사이트들을 정리해봤다. 제시된 사이트들은 실제로 많은 투자자가 참고하고 검증된 곳이다. 초보 투자자에게도 상당한 도움이 될 것이다.

전자공시, 보고서, 뉴스, 기타 등의 키워드로 구분했다. 확인하면서 얻은 유용한 정보를 소중한 자산으로 만들기를 바란다.

┃ 전자공시 확인 관련 사이트

금융감독원 전자공시 시스템 '전자공시'란, '투자자의 투자 판단을 돕기 위해 기업에 대한 정보를 투자자에게 공개하는 것'을 말한다. 기업이 주요 변동사항을 금융감독원에 제출하면 금융감독원은 해당 내용을 금융감독원 전자공시 시스템인 DART에 공개한다.

투자자들의 DART에 대한 신뢰도는 매우 높다. 일부 투자자는 DART의 공시 내용만 집중적으로 공부하기도 한다. 그 자체로 주식 시장에서 발생할 수 있는 모든 이벤트에 대한 공부를 할 수 있다고 보는 것이다.

DART에서 알 수 있는 내용 중에 '분기보고서'에는 해당 기업에 대한 가장 많은 정보, 가장 최신 정보가 담겨 있다고 할 수 있다. 해당 기업에 대한 기본 설명, 앞으로 추진하려는 신규 사업부터 재무제표, 투자 시 유의해야 하는 리스크 등 기업 전반에 이르는 상세한 내용이 담겨 있다. 그야말로 확실하고 정확한 내용으로 투자자에게 매우 유익하다고 하겠다. 이 밖에도 전환사채 발행, 유상·무상 증자 관련 보고서도 있는데 내용을 상세히 살펴봐야 해당 내용이 호재인지, 악재인지 판단할 수 있다.

물론 투자자들은 각종 증권사에 게시된 요약 공시나 약식 보고서를 볼 수 있고 공시 제목만 보고 투자를 결정하는 경우도 다반사다. 그러나 이렇게 정보를 습득하면 오판의 여지가 커진다. 원본이 게재되는 DART에서 상세하고 객관적인 내용을 살펴보길 권한다.

dart.fss.or.kr

한국거래소 전자공시 시스템 한국거래소 전자공시 시스템인 KIND 에서는 국내 증시에 상장된 기업들의 공시 정보를 확인할 수 있다.

모바일 사용자가 늘어나자 2019년 11월 모바일에 특화된 모바일 KIND를 오픈했다. HTS뿐만 아니라 MTS를 사용해 주식 투자를 하는 개인 투자자가 많아지면서 모바일 특화 시스템에 대한 요구가 증가했던 것으로 보인다. mKIND(모바일 KIND)는 모바일을 주로 사용하는 투자자에게 가장 편한 사이트로 꼽힌다. DART보다 정보에 대한 접근성과 편의성이 뛰어나다.

'알람' 기능으로 기업의 모든 공시 정보를 모바일로 빠르게 확인할 수 있다. '상장법인' 카테고리를 활용하면 상장 또는 폐지되는 기업 현황과 주가에 큰 영향을 미치는 주식 발행(유·무상 증·감자 등) 공시만 별도로 모아 볼 수도 있다. 기업설명회(IR) 일정 및 자료, 신규 상장 기업의 공모일 및 상장일 등의 정보도 캘린더 형태로 볼 수 있다.

전자공시에 대한 정보 습득 면에서 앞서 소개한 'DART'가 정석이라면, 'mKIND'는 실전 응용 편이라고 할 수 있다. **mkind.krx.co.kr**

한국예탁결제원의 증권 정보 포털 한국예탁결제원의 증권 정보 포털인 '세이브로(SEIBro)'에서는 기업이 발행한 주식, 채권에 관한 정보뿐만 아니라 비상장 주식의 유통 정보, 채권의 발행·만기·상환 등도 확인할 수 있다. 펀드 및 상장지수펀드(ETF)의 상품 내용을 일목요연하게 볼 수 있고, 펀드 상품별로 수익률을 비교해볼 수도 있다. 국내 투자자의 외화증권 보유 순위 정보, 증권대차, 환매조건부채권(Repo) 거래량 및 이자율 정보 등도 담겨 있다. *seibro.or.kr*

┃ 보고서 확인 관련 사이트

한경컨센서스 '증권 보고서'의 가장 큰 장점은 해당 종목의 투자 포인트, 전망, 실적, 재무 등을 한눈에 살펴볼 수 있다는 점이다. 증권 보고서의 구성을 살펴보는 것만으로도 기업을 투자할 때 어떤 부분을 살펴야 하는지 감을 잡을 수 있다.

특히 한경컨센서스는 정보를 수합하고 판단하기 어려운 초보자들에게 다양한 정보를 제공한다. 국내외 증권사 리포트를 한눈에 살펴볼 수도 있어 막막함까지 잘 해소해준다. 해당 기업의 투자 포인트를 짧게 요약해 가독성 측면에서도 뛰어나다.

기업에 대한 분석뿐만 아니라 산업, 시장, 경제 전반에 걸친 다양한 보고서가 게재된다. 특정 종목과 향후 시장 주도주가 될 산업군의 동향 등을 살펴보는 데 유용한 정보가 많다.

그런데 한경컨센서스의 보고서는 전문가일지라도 작성자의 개인적 주관을 담은 것이기 때문에 절대적인 지표로 삼기보다 참고 의견으로 생각하는 것이 좋다. consensus.hankyung.com/apps.analysis/analysis.list

한국IR협의회 기술분석보고서 코스닥 기업에 대한 투자 정보 확충을 위해 한국IR협의회가 기술신용평가기관에 발주해 작성한 보고서를 공유하는 사이트다. 한국거래소와 한국예탁결제원의 후원을 받고 있다.

기업에 대한 기술보고서 외에도 연도별로 특정 테마를 선정해 작성한 다양한 보고서를 접할 수 있다는 장점이 있다. 투자자들의 관심도 높다. 일례로 2020년에는 정부의 육성 정책에 따라 미래 성장 산업과 혁신 성장 품목을 테마로 선정해 관련 보고서를 공유했다.

　한경컨센서스에서 접하는 보고서가 가독성 면에 장점이 있다면 한국IR협의회의 기술분석보고서는 정보의 양과 깊이 면에 장점이 있다. 한국IR협의회 기술분석보고서는 해당 기업에 대한 시장 전망은 물론, 주력 제품에 대한 기술적인 부분까지 포괄적이고 상세하게 기술되어 있다. 자칫 내용이 방대하게 느껴질 수 있으나 기업을 자세히 이해할 수 있다는 면에서 강점을 가졌다고 할 수 있다. www.kirs.or.kr/information/tech2020.html

⫶ 뉴스 확인 관련 사이트

　인포스탁 투자와 관련해 유용한 정보를 쉽게 접할 수 있는 사이트다. 일부 정보를 유료로 운영되고 있으나 시황 속보, 인포스탁 데일리뉴스 등 무료로 제공되는 정보도 상당하다. 특히 시황 속보에서는 당일 신용 비율 증감, 주식 대차 거래 증감 상위 종목에 대한 정보 등을 제공하는데 투자자 입장에서는 리스크를 최소화하고자 할 때 유용하게 살펴볼 수 있다. www.infostock.co.kr

　더벨 유료 회원을 대상으로 하고 있으나 시간 간격을 두고 무료로 전환되는 뉴스가 거의 대부분이라서 회원이 아니더라도 볼 수 있다. 그 시간 간격이 그리 길지 않아서 지난 기사라고 해도 현재 진행형인 경우가 많으니 참조할 내용이 상당하다. www.thebell.co.kr

2020년에 발생해 지금도 사라지지 않는 코로나19의 영향으로 바이오주에 대한 관심이 뜨거워졌다. 그래서 특별히 바이오주에 대한 뉴스를 알 수 있는 사이트를 정리해봤다.

약업닷컴 바이오, 치료제 등 제약업체와 관련된 뉴스가 주로 게재되는 사이트다. 또한, 의약계 관련 행정 및 제도, 보건 관련 뉴스도 확인할 수 있어 업계 동향을 살펴볼 때 도움이 된다. 바이오 분야에 관심이 있는 투자자라면 꾸준하게 들어가 본다. www.yakup.com

약사공론 약업닷컴이 제약업계 관련 뉴스가 많은 사이트라면 약사공론은 의약업에 관한 뉴스를 포괄적으로 살펴볼 수 있는 사이트다. 투자 관점에서 기업에 대한 세밀한 뉴스를 살펴보는 데는 약업닷컴이 유용하고 의약업 전반의 동향을 살펴볼 때는 약사공론이 유용하다. www.kpanews.co.kr

의약품 안전나라 바이오 분야에 관심이 많은 투자자가 활용할 수 있는 사이트로, 제약업체에서 개발 진행 중인 치료제의 임상 단계 정보를 객관적으로 확인할 수 있다. 또한, 제약업체 투자에 리스크로 작용하는 의약품 관련 민원 및 이상 사례 보고 등도 확인할 수 있다. nedrug.mfds.go.kr

┃ 기타 사이트

대한민국 정책브리핑 이 사이트를 활용하면 정부 정책과 관련된 뉴스가 맞는지, 틀리는지 쉽게 확인할 수 있다. 언론에 보도되는 뉴스 중에는 오보로 판명되는 경우가 종종 있다. 속보 등 빨리 전달하다 보니 이런 일이 발생하는 것 같다.

객관적인 사실이 확인되지 않은 뉴스가 주가에 영향을 미치는 경우도 비일비재하다. '대한민국 정책브리핑'에서는 정부에서 추진 중인 정책들에 대한 공식 브리핑 자료가 공유되므로 각종 정책과 관

련해 공신력 있는 정보를 확인할 수 있다. www.korea.kr

IRGO 상장 기업 또는 상장 예정 기업에 대한 IR(Investor Relations, 기업이 주식 및 사채 투자자들을 대상으로 실시하는 홍보 활동) 정보를 살펴볼 수 있는 앱이다. 해당 기업을 투자하려는 주주 입장에서 IR은 투자 포인트를 직접 살펴볼 수 있는 자료가 공유된다는 장점이 있다. 단, IR 자료는 기업에서 홍보를 위해 만들었기 때문에 기업의 장점만 부각될 수 있다는 점은 반드시 인지하고 봐야 한다. 이 밖에도 정보가 많지 않은 신규 상장주의 IPO(Initial Public Offering, 기업의 주식 및 경영 내용의 공개) 보고서를 살펴볼 때도 활용하면 유용하다. m.irgo.co.kr

한국거래소 한국거래소는 증권거래소, 선물거래소, 코스닥위원회, 코스닥증권시장 등 4개 기관이 통합되어 2005년 1월 27일에 설립됐다. 한국 자본 시장의 세계화 및 금융 시장 발전을 도모하기 위해서라고 설립 목표를 밝히고 있다. 주요 업무는 유가증권시장과 코스닥시장, 선물·옵션 시장의 운영 및 감시다.

'한국거래소' 사이트에 들어가면 주식 시장과 관련된 각종 통계 데이터 정보를 확인할 수 있다. 데이터 정보는 지수, 주식, 채권, 파생 상품, ETF · ETN · ELW 등으로 나뉜다. 특히 배당 수익률, 주가 이익 비율(PER), 주가 자산 비율(PBR), 주가 지수 등 지수와 관련 통계를 확인할 때 유용하다. www.krx.co.kr

기획재정부 기획재정부는 중장기 국가 발전 전략 수립, 경제·재정 정책의 수립·총괄·조정, 예산·기금의 편성·집행·성과 관리 등 국가의 경제 정책과 예산 및 세제를 총괄하는 정부 부처다. 정부의 지출 사업에 의해 영향을 받는 산업과 기업들이 상당하다. 투자자 입장에서는 기획재정부의 발표 내용이 해당 기업에 어떤 영향을 미칠지 가늠해볼 수 있다. 직접적인 투자 정보로도 활용이 가능하다.

www.moef.go.kr

매일 확인하면
좋은 것

바둑에서 이미 끝난 대국을 다시 보는 것을 '복기'라고 한다. 판국을 비평하기 위해 두었던 대국을 다시 놓아 본다. 이를 통해 승패의 원인과 결과를 제대로 분석할 수 있다.

주식 투자에도 복기는 반드시 필요하다. 단순히 수익률을 기록하는 것에서 멈추지 않고 평가의 과정을 거치는 습관을 꼭 가져야 한다. 장이 끝나고 매일 당일 장에 대해 복기하면서 나름대로 평가해보는 것이 좋다. 당일 시장에서 주도주는 무엇이었고 어떤 테마가 순환매를 이뤘는지 등을 확인하면서 미래의 대응을 예습해보는 것이다.

최소한 당일 상승장의 종목들을 따로 정리하고 이를 통해 흐름을 읽는 연습을 해야 한다. 당일 강했던 종목은 다음 날도 흐름을 만들 수 있다. 당일 시장에서 강했던 종목을 복기하면서 다음 날 시장이 어떻게 흘러갈지 예측해본다. 거래량이 급증했던 종목, 상승률이 높았던 종목들을 추려 내일의 장을 예측해보고 투자 시나리오를 짜볼 수도 있다.

하루 증시가 끝난 시점에서 구체적으로 점검해야 할 것들을 정리해봤다. 시장의 흐름을 파악하고 내일의 장을 준비한다는 각오로 매일매일 확인한다. 습관이 되면 시장을 조망하는 눈도 갖게 될 것이다.

당일 거래대금 순위와 거래량 가장 먼저 봐야 하는 것이 거래대금 순위다. 거래량도 중요하지만 그보다 거래대금이 우선이다. 시장의 돈이 어떤 섹터, 어떤 종목에 몰렸는지를 보면 주도 업종과 주도주를 쉽게 파악할 수 있다.

거래대금과 관련해서는 평균 300~1,000억 원 이상이 몰린 종목을 본다. 관심 종목으로 두고 지속적으로 관찰하는 것이 좋다. 거래대금이 많이 몰린 종목 중 상당수는 다음 날도 상승을 이어갈 확률이 높다. 그다음으로 거래량을 살핀다. 거래량은 주가를 움직이는 원동력이다. 상승이건 하락이건 해당 종목의 거래량이 왜 증가했는지, 주가의 방향은 어떻게 정해졌는지를 확인한다.

당일 상한가 종목과 하한가 종목 '시장에서 가장 강한 종목'은 어떤 종목일까? 바로 상한가 종목이다. 장을 마치면 상한가 종목들이 어떤 이슈와 재료로 상한가에 갔는지 알아볼 필요가 있다. 차트상에서 이전 주가 흐름과 상한가에 안착하는 모습을 자세히 살펴봐야 한다. 상한가 종목의 경우 상승 추세 가운데 매매할 타이밍이 올 수도 있어서 지속적으로 모니터링하는 것이 좋다.

마찬가지로 하한가 종목도 유심히 관찰할 필요가 있다. 시장에서 어떤 악재 때문에 하한가로 마감이 되었는지를 파악하고 향후 주가가 어떤 방향으로 움직일지 흐름을 보는 것도 패턴 공부에 도움이 된다.

당일 장대양봉 종목 장대양봉은 보통 15% 이상 상승을 기준으로 한다. 당일 상승률이 높은 장대양봉 종목도 어떤 이슈와 재료로 상승했는지 관찰해 둔다. 상한가와 마찬가지로 상승 추세 중에 매매할 타이밍을 잡을 수 있다. 단, 상승 추세 중이라고 무조건 추격 매수를 하기보다는 흐름을 지켜보면서 가격이 떨어지는 중에도 더 이상 내려가지 않는 눌림목 지점에서 매수 타이밍을 잡는 것이 좋다.

당일 시간 외 상승 종목 시간 외 거래에서 상승한 종목은 다음 날 주가가 오를 가능성이 높으므로 거래량(최소 10만 주 이상)이 터진 종목들 위주로 목록을 정리해 둔다. 시간 외 거래 상승 종목의 차트를 보면서 상승 지점이 전 고점을 돌파했는지, 박스권을 돌파했는지를 꼼꼼히 확인해야 다음 날 대응이 가능하다.

관심 종목 리스트 정리 당일 장대양봉이 나온 종목, 상한가 종목, 거래량 순위에서 눈에 띄는 종목 등을 따로 정리해 일일이 차트를 확인한다. 관심 종목에 '다음 날 지켜볼 종목' 폴더를 만들고 해당 종목들을 모아 두면 다음 날 종목들의 흐름을 읽는 것이 훨씬 수월하다.

처음 리스트를 만들면 상한가나 장대양봉이 나온 종목이 많기 때문에 관심 종목 리스트도 상당하다. 꾸준히 해서 경험이 쌓이면 겹치는 종목이 보이고 정리가 점차 수월해질 것이다. 보통 일주일에서 한 달 정도만 노력하면 리스트 정리가 한결 수월해진다는 걸 느낄 것이다.

영향을 주는 해외 시장의 지수 확인 기본적인 해외 지수들은 증권사 홈페이지나 주식 앱에서 확인할 수 있다. 미국과 중국, 유럽 시장의 지수는 코스피와 코스닥에 미치는 영향이 상당하다. 특히 금리와 금값, 유가 변동의 영향으로 해외 시장이 등락하면 국내도 비슷한 파고를 맞을 수 있어서 해외 주식과 외환 관련 뉴스 등은 수시로 확인해야 한다. 그래서 인베스팅닷컴(Investing.com)이나 스마트폰에 관련 앱을 다운받아 사용하는 투자자가 많다.

환율, 채권, 비트코인, 원자재의 가격 확인 환율, 채권, 비트코인, 원자재 가격의 등락도 국내 주식 시장에 미치는 영향이 상당하다. 증권사 홈페이지나 관련 사이트를 보면서 흐름을 살피는 것이 좋다.

매매일지 작성 증권사 앱만 깔아도 매매 기록이 남고 검색도 할 수 있다. 그러나 매매일지만큼은 손수 작성해 보기를 권한다. 그 자체로 거래 내용을 복기하는 효과가 있다.

모든 수익과 손실에는 이유가 있다. 처음에는 운 때문이라고 해도 한두 번을 넘어가기는 어렵다. 자신의 수익과 손실에 어떤 이유가 있는지 파악할 필요가 있다.

매매일지는 일종의 '오답노트'라고 할 수 있다. 꾸준히 작성하다 보면 어떤 경우에 수익이 높아지고 어떤 때 손실을 키우는지 자신의 매매 패턴을 확인할 수 있다.

단순히 매매 종목과 금액, 평단가 조정, 수익과 손실 내용을 적어도 좋지만 이왕이면 구체적인 매매 이유를 적어두는 것이 복기에 도움이 된다. 다음은 매매일지에 넣으면 좋은 구체적인 항목들이다.

첫째, 종목 선정 이유를 적는다. 객관적 데이터든, 주관적 평가든 관계는 없다. 이후에 종목 선정 이유가 합당했는지를 점검할 때 활용한다.

둘째, 거래한 종목의 차트에 매수 타점과 매도 타점을 체크한다. 여러 종목을 관리하다 보면 매수 타점을 일일이 찾아보기 어렵고 매도 타점도 잊어버리기 쉽다. 차트 흐름상 어느 지점에서 타이밍을 잡았는지 살펴볼 수 있도록 기록해 둔다.

셋째, 매수 타점의 근거와 매도 타점의 근거를 적는다. 이왕이면 명확하고 구체적으로 적는다. 매수의 경우 이후 주가 하락 시의 대응책과 주가 상승 시의 대응책, 이렇게 2개를 모두 명시한다. 미래에 대한 대응책을 마련하는 것이다. 추가 매수, 손절, 목표 매도가를 구체적으로 명시하는 것도 좋다. 이는 매도 타점을 잡는 근거가 되기도 한다.

넷째, 보유한 종목과 별개로 시장의 흐름은 어떤지를 기록한다. 시장에 머물며 시장의 움직임을 따라가기 위해 정보를 모으는 것은 투자자로서 꼭 필요한 자세다. 시장에는 언제나 이슈와 재료가 존재한다. 이를 활용하고 안 하고는 투자자의 몫이고 책임이다. 또한, 알고 안 하는 것과 몰라서 못 하는 것 간에는 분명한 차이가 있다. 정보를 업데이트하는 노력을 끊임없이 해야 한다.

　모든 '시작'은 어렵다. 시간이 지나고 습관이 되어야 일상으로 자리를 잡을 수 있다. 그렇게 투자자로서 자질도 한 단계 업그레이드된다.

　"주식은 생물이다"라는 말이 있다. 예측하거나 예단한들 맞을 리가 없다는 말이다. 투자자는 시장의 방향을 읽으며 적절히 대응하기만 하면 그뿐이다.

　기록과 학습은 나만의 투자 노하우와 매매 기법을 만드는 데 큰 도움이 된다. 느리더라도 올바른 투자의 길이란 바로 이러한 노력을 계속하는 것이다. 시장은 낙오하지 않고 오래 가는 이에게 반드시 보답해준다. 이런 믿음으로 매일매일의 체크 리스트를 완성해가길 바란다.

03
수급을 파악해야
주가의 방향을 알 수 있다

주식 매매에 있어서 '수급 파악'은 가장 중요한 과정 중 하나다. '수급'은 돈과 같다고 생각하면 된다. 기관, 외국인, 개인 투자자가 주식 시장에 투자금을 넣으면 '수급이 들어왔다'라고 한다. 수급이 들어오면 주가는 상승할 수밖에 없다.

그렇다면 수급은 어떻게 파악하는가? 가장 쉽고 확실한 방법은 거래량을 파악하는 것이다. 종목의 거래량이 전일 대비 5~10배 정도 상승했을 때는 흔히 '거래량이 터졌다'라고 표현하는데 바로 수급이 들어온 때라고 할 수 있다.

수급의 주체는 증권사 정보에 모두 드러나진 않는다. 단, 수급의 주체는 개인 외 투자자로 보는데 다음 표처럼 세분화해볼 수도 있다. 시장에 기관과 외국인 투자자의 매수가 많다면 좋은 신호로 해석된다.

금융 투자	투자매매업, 투자중개업, 집합투자업, 투자일임업, 투자자문업, 신탁업 등 6가지 업무로 구분되는 금융 투자 업무 전부 또는 일부를 담당하는 회사를 금융투자회사라고 한다. 투자매매업, 투자중개업, 집합투자업, 신탁업은 인가 대상이고 투자자문업, 투자일임업은 등록 대상이다. 금융투자회사 중 증권사는 직접 금융 시장에서 기업이 발행한 증권을 매개로 투자자의 자금을 기업으로 이전시켜주는 기능을 수행하는 금융사다.
투자 신탁	증권사, 자산운용사 등이 고객의 자산을 신탁받아 투자하는 것으로 쉽게 펀드라고 생각해도 된다.
사모펀드	소수 투자자에게 받은 자금으로 운용되는 펀드를 말한다.
은행	은행은 고객이 맡긴 돈을 운용 차원으로 주식에 투자한다.
보험	보험회사가 고객의 보험금을 운용 차원으로 주식에 투자한다.
연기금	국민연금, 사학연금, 공무원연금, 각종 공제회 등이 기금 운용 차원으로 주식에 투자한다.
국가	국가, 지자체, 국제기구, 기타 법인 중 공공기관(한국은행, 예금보험공사, 정리금융기관, 한국자산관리공사, 한국주택금융공사), 우체국에서 운영되는 자금이라고 보면 된다.
기타 금융	기타 금융 기관은 통화 당국과 예금 은행 이외의 금융 기관을 모두 포함한다. 금융 지주회사(지분의 소유를 통해 금융업을 영위하는 회사를 지배하는 것을 주된 사업으로 하는 회사), 여신전문금융회사(수신 기능 없이 여신 업무만 취급), 벤처캐피탈회사, 대부업자, 증권금융회사로 나눌 수 있다.
기타 법인	금융 기관과 공공 기관을 제외한 나머지 기관으로 투자 기관으로 분류되지 않은 법인이 특정 주식에 투자하는 경우를 말한다. 예를 들어서 삼성전자가 특정 주식에 투자하는 경우다.

수급이 들어온 이유는 흔히 뉴스나 공시를 통해 확인한다. 뉴스나 공시가 100% 이유를 말해주지는 않는다. 공개되지 않은 내부자 정보가 재료가 되어 수급이 들어올 수도 있고 특정 세력이 주가를 띄우기 위해 거래량을 폭발적으로 늘렸을 수도 있다. 수급이 들어오면 개인 투자자는 일단 뉴스와 공시를 확인하되 명확한 원인을 찾

을 수도 없다는 전제하에 차트를 보면서 양상을 살펴야 한다.

차트에서는 분봉을 주목한다. 30분봉 정도가 무난하다. 분봉 차트를 보면서 당일 어느 시점에서 거래량이 터진 것인지, 강한 거래량이 발생한 부분이 어디인지를 확인한다. 수급이 들어온 상황에서 주가가 더 이상 빠지지 않는 '마지막 지지라인'을 확인하는 것이 중요하다. 확인된 마지막 지지라인을 매수 타점으로 고려할 수도 있다.

이제부터는 MTS에서 수급을 파악하는 방법을 알려주고자 한다.

앞에서 설명했듯이 '수급을 파악한다'는 거래량, 거래대금을 보는 것이다. 장중에 단타를 준비할 때는 거래량 순위, 거래대금 순위를 수시로 검색하면서 시장의 주목을 받는 종목을 선택해야 한다.

'당일 거래 상위[0184]'를 통해 수급이 들어오는 종목을 확인할 수 있다['0184'는 '당일 거래 상위'의 코드 번호다(키움증권 기준)].

순위	종목명	현재가	전일대비	등락률	거래량(장중)	전일비(장중)	거래회전율(장중)	금액(백만)
1	삼성전자	88,000 ▼	1,700	-1.90	32,990,727	100.00	0.56%	2,936,470
2	KODEX 레버리지	27,315 ▼	1,190	-4.17	59,994,146	100.00	93.45%	1,681,251
3	KODEX 200선물인버	2,135 ▲	90	+4.40	538,935,709	100.00	57.36%	1,124,032
4	셀트리온	329,000 ▼	23,500	-6.67	3,303,369	100.00	2.45%	1,107,298
5	현대차	240,000 ▼	10,500	-4.19	3,849,956	100.00	1.81%	943,215
6	셀트리온헬스케어	143,400 ▼	12,500	-8.02	5,739,200	100.00	3.79%	839,269
7	SK하이닉스	127,500 ▼	3,000	-2.30	4,753,565	100.00	0.66%	616,524
8	지니뮤직	5,770 ▲	720	+14.26	95,835,569	100.00	164.91%	502,540
9	KODEX 인버스	3,940 ▲	80	+2.34	123,214,561	100.00	42.76%	479,572
10	아시아나항공	18,000	0	0	25,061,137	100.00	33.68%	466,380
11	KODEX 200	42,550 ▼	955	-2.20	10,711,521	100.00	8.39%	461,734
12	LG화학	979,000 ▼	31,000	-3.07	441,089	100.00	0.63%	436,226
13	카카오	437,500 ▼	14,000	-3.10	981,741	100.00	1.11%	435,166
14	녹십자홀딩스	47,200 ▲	3,400	+7.76	8,596,170	100.00	18.28%	406,504
15	SK이노베이션	262,500 ▲	500	+0.19	1,523,052	100.00	1.65%	404,805

거래량이 급증하는 종목은 '거래량 급증[0168]'을 통해 확인할 수 있다. 원하는 거래량으로 조건 검색을 하되 최근 거래량의 5배 이상이 몰린 종목을 확인하는 것이 좋다.

수급의 주체는 '기관 매매 동향 – 종목별 기관 매매 추이[0258]' 를 통해 확인할 수 있다. 개인, 기관, 외국인으로 구분해 기간별로 어떤 주체가 매수와 매도를 했는지가 나온다. 단, 여기서 나타나는 수급은 100% 믿어서는 안 되고 참고만 하는 것이 좋다. 기관이나 외국인이 개인 계좌로 매매를 하는 경우도 종종 있기 때문이다.

일별 기관매매종목 | 종목별 기관매매추이

| 034730 ▼ Q 🔍 SK | | 누적기간 1개월 ▼ 2020/12/17 📅 ~ 2021/01/17 📅 | | | 차트 | 유의사항 |

구분		개인		기관		외국인		
추정평균가(매수/매도)		278,664	279,572	279,180	275,905	279,572	281,802	◉대비 ○등락

날짜	종가	대비	거래량	개인		기관		외국인		
				기간누적	일별순매매	기간누적	일별순매매	기간누적	일별순매매	소진율
21/01/15	302,500 ▼	3,500	926,564	-745,066	-7,248	+402,922	+51,536	+356,098	-43,503	21.95%
21/01/14	306,000 ▲	9,500	912,334	-737,818	-128,635	+351,386	+99,147	+399,601	+30,307	22.02%
21/01/13	296,500 ▲	15,000	1,017,559	-609,183	-154,609	+252,239	+42,933	+369,294	+113,338	21.97%
21/01/12	281,500 ▼	8,500	795,811	-454,574	+153,165	+209,306	-106,342	+255,956	-49,858	21.81%
21/01/11	290,000 ▼	2,500	1,406,142	-607,739	+164,614	+315,648	-167,549	+305,814	+165	21.88%
21/01/08	292,500 ▼	3,500	1,177,820	-772,353	-13,336	+483,197	-78,533	+305,649	+108,524	21.88%
21/01/07	296,000 ▲	23,000	1,946,685	-759,017	-384,459	+561,730	+448,395	+197,125	-61,615	21.73%
21/01/06	273,000 ▲	21,500	2,378,756	-374,558	-429,485	+113,335	+273,164	+258,740	+180,687	21.82%
21/01/05	251,500 ▲	2,000	478,166	+54,927	+10,073	-159,829	-35,678	+78,053	+27,332	21.56%
21/01/04	249,500 ▲	9,000	561,491	+44,854	-64,937	-124,151	+8,788	+50,721	+40,098	21.52%
20/12/30	240,500 ▲	5,000	226,620	+109,791	-54,805	-132,939	+16,175	+10,623	+39,317	21.46%
20/12/29	235,500 ▼	4,500	303,528	+164,596	+101,864	-149,114	-108,079	-28,694	+2,966	21.41%
20/12/28	240,000 ▼	2,000	262,582	+62,732	+16,790	-41,035	-4,035	-31,660	-1,147	21.40%

돈이 되는 주식을 사라

04
거래량을 통해
세력의 존재 파악하기

'주가는 개인의 힘으로 올릴 수 없다.'

주식 시장의 통설 중 하나다. 개인의 영향력이 미비하다는 것을 일찌감치 깨닫고 영리하고 현명한 투자를 하라는 말이기도 하다. 한편으로는 '그렇다면 주가를 올리는 주체가 따로 있는가?'라는 궁금증이 일기도 한다. 흔히 이야기하는 '세력'에 관한 이야기다.

주식 투자를 하면서 '세력'이라는 단어를 한 번 이상은 들어봤을 것이다. 사전적인 의미로는 어떤 속성이나 힘을 가진 집단이라고 하는데 주식 시장에서는 주가를 올리는 주체로 통한다. 흔히 기관, 외국인, 돈이 많은 투자자 등을 꼽으며 형님, 큰손으로도 불린다.

주식 관련 책들은 세력의 존재를 인정하고 세력의 투자 패턴을 연구해 투자의 적기를 찾으라고 안내한다. 쉽게 정리하면 '세력이 주식을 사들이는 매집 시기를 확인하고, 가격을 끌어올리기 전에 매수하면 세력이 주가를 올릴 때 수익을 올릴 수 있다'라는 내용이다. 그러나 개인 투자자들이 세력의 매집 시기를 확인하는 것, 세력이 개인 투자자들의 힘을 빼는 기간 조정과 가격 조정을 견디기는 쉽지 않다. 일단 세력의 존재를 확인해야 하고 수익을 내는 구간도 파악해야 한다. 단, 오랜 기간 세력은 일정한 투자의 패턴을 보여왔고 매집과 매도에 나설 때는 거래량이라는 흔적을 남길 수밖에 없다. 이는 개미 투자자들에게 세력의 존재를 파악하는 좋은 힌트를 제공한다.

이제부터 이러한 힌트를 활용해 개인 투자자들이 세력의 존재를 파악하고 이를 투자에 활용할 수 있는 실질적인 방법을 알아보도록 하겠다.

일단 거래량이 커진 종목을 유심히 살펴야 한다. 다음 차트를 보자. 거래량이 터진 후에 일정 기간 박스권을 형성하다가 다시 거래량이 들어오면서 가격이 급등했다.

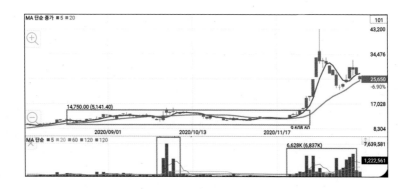

자세히 봐야 할 구간은 거래량이 터진 후 박스권에 머물러 있을 때다. 거래량이 줄면서 일정한 박스권을 형성하고 있다는 것은 박스권 상단과 하단에 강력한 지지 세력이 있음을 의미한다. 하단의 가격대로 주가가 떨어지면 누군가 그 가격대로 주식을 사고, 박스권 상단의 가격대로 오르면 또 누군가 물량을 내놓으며 가격을 지켜준다. 그리고 거래량이 다시 터지면서 박스권을 뚫고 주가가 상승한다. 앞에서 나온 거래량보다 적은 거래량으로 가격을 상승시켰다는 것은 그동안 박스권에서 매물의 소화와 매집이 잘되었음을 보여준다. 결과적으로 이 종목의 주가는 세력에 의해 만들어졌다고 해석할 수 있다.

그렇다면 왜 세력은 주가를 단번에 올리지 않고 일부러 박스권을 형성시키는 것일까? 흔히 기간 조정과 가격 조정을 하는 것은 이동평균선 수렴과 매물 소화, 그리고 개인 투자자들의 투매를 유도해 매집 단가를 낮추기 위한 목적이 있다.

가격 조정을 하면 5일 이동평균선이 내려와 이동평균선이 수렴했다가 20일 이동평균선을 뚫고 발산하는 골든 크로스를 만들 수 있다. 또한, 세력은 박스권을 만들어 일정 가격 내에서 나오는 매물을 소화하는데 이를 통해 매집 단가를 낮추고 다량의 매물을 수월하게 가져갈 수 있다.

반면, 개인 투자자 입장에서는 주가가 횡보하거나 하락하는 기간 조정과 가격 조정 동안 지루함을 느끼기 쉽다. 갖고 있던 주식을 던지는 투매로 이어지기도 한다. 흔히 이야기하는 '개미 털기'의 전형적인 모습이 펼쳐진다.

다음 차트를 보자. 박스권을 지지하면서 저점이 높아지고 있다.

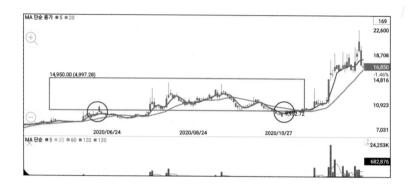

세력이 박스권을 오래 끌고 가는 이유는 거래량이 한번 터지자 관심을 둔 단타족과 추가 상승을 예단한 매수자들을 떨어내기 위해서다. 박스권이 길어지고 가격 하락이 나타나면 손절을 선택하는 매수자가 많아진다. 그러나 어느 정도 기간이 흐르면 주가의 이동평균선은 수렴되고 골든 크로스를 거친 다음, 이동평균선의 확산이 나타난다. 앞에 보여준 차트의 종목처럼 박스권의 저점이 높아지는 것은 추가 상승의 좋은 사인이 될 수 있다.

박스권에 갇혀 있던 모든 종목이 상승 돌파를 맞는 것은 아니다. 어느 날 박스권의 천장이 아닌 바닥을 깨고 하락하는 모양새를 보일 수도 있다. 이러한 종목은 주가를 관리하는 세력이 없다고 해석할 수 있다. 관리하는 주체가 없는 주가는 당분간 상승을 기대하기도 어렵다. 그렇다면 거래량을 통해 세력의 존재를 확인한 개인 투자자는 이를 투자에 어떻게 활용할 수 있을까?

해당 종목이 세력의 매집 종목이라는 판단이 서더라도 신중하게 접근할 필요가 있다. 주가를 올리는 세력이 있다고 해도 정작 주가가 언제 얼마나 오를지는 여전히 미지수다. 주가가 언젠가는 오를 것이라는 희망을 가진다고 해도 언젠가가 언제인지는 누구도 모른다. 따라서 기회비용을 고려하며 접근해야 한다. 최소한 바닥에서 매수하거나 상승의 신호가 올 때 매수해야 한다. 하락하던 주가가 하락을 멈추고 저점을 만들면서 저점을 깨지 않고 높여갈 때를 상승의 신호로 볼 수 있다. 박스권 하단에서 저점 매수를 하면 수익률을 높일 수 있고, 박스권을 뚫고 안착한 시점에서 매수하면 최소한 시간을 허비하는 일은 없을 것이다.

세력의 주도주를 찾다가 자칫 세력의 '먹잇감'이 될 수 있다는 점은 반드시 기억해야 한다. 일반적으로 캔들이 길면 거래가 왕성하게 이뤄져야 한다. 그런데 그중에는 양봉이 나오는데도 거래량이 별로 없거나 상승 폭이 큰데도 거래량은 별로 없는 때가 있다. 모두 주가가 상승하는데도 거래량이 없는 경우인데 각별히 주의해야 한다. 특정 세력이 돈을 들이지 않고 주가를 올릴 때 이러한 양상이 나타나기 때문이다. 주가가 오르자 매수 타이밍으로 오해하고 투자에 나섰다가 세력이 던지는 물량을 받아버리게 되는 경우도 생긴다. 결과적으로 상승 기류에 있더라도 거래량이 많지 않으면 주의해야 한다.

또한, 첫 번째로 상한가가 나오고 두 번째 나온 상한가에서 거래량이 줄어드는 모습을 보여주다가 세 번째 나온 상한가에서 도지 캔들(시가와 종가가 같거나 비슷한 캔들)이 나왔다면 세력의 손 바뀜 혹은 개인 투자자에게 물량을 넘기는 것으로 해석할 수도 있다. 보통 세력의 손 바뀜이 일어나면 상승 폭은 줄어든다. 이때 투자자는 도지 캔들이 저가를 이탈하지 않으면 유지, 5일 이동평균선을 유지하면 유지하는 관점으로 대응해야 한다.

무엇보다 어떤 상황에서도 기준과 원칙대로 대응하는 것이 중요하다. 추가 상승이 있을 것이라는 생각에 무작정 유지하다 보면 수익을 고스란히 반납하고 손실을 감당해야 하는 경우도 생긴다. 초보 투자자일수록 잃지 않는 매매를 위해서는 돌다리도 두드려보고 건너는 자세를 지켜야 한다.

05
호가창을 보면
방향이 보인다

거래는 사려는 사람과 팔려는 사람 간의 호가가 일치해야 성사된다. '호가'는 물건을 사거나 팔기 위해 부르는 가격을 의미한다. 주식 거래에서도 특정 주식을 특정 가격에 사거나 팔겠다며 부른 가격을 호가라고 한다.

주식 거래의 '호가창'은 얼마의 가격에 어느 정도 양의 주식을 사겠다거나 얼마의 가격에 어느 정도 양의 주식을 팔겠다는 것이 표시되는 곳이다. 흔히 호가창을 보면 방향이 보인다고 한다. 실시간으로 사려는 사람과 팔려는 사람의 정보를 제공하기 때문에 주가의 방향을 가늠해보는 좋은 정보원이 된다. 이제 호가창을 통해 확인할 수 있는, 투자에 매우 유용한 정보들을 알아보자.

첫째, 총잔량을 잘 확인하면 주가의 방향을 예측할 수 있다. 일반적으로 주가의 상승은 공급(매도)보다 수요(매수)가 많아야 한다. 그런데 매수와 매도의 총잔량 논리는 꼭 그렇지만은 않다.

매수 총잔량은 매수 10호가에 걸려 있는 모든 잔량을 더한 것이고, 매도 총잔량은 매도 10호가에 걸려 있는 모든 잔량을 더한 것이다. 일반적으로 팔려는 수량인 매도 총잔량이 많고, 사려고 하는 매수 총잔량이 적으면 주가는 상승한다. 반대로 매도 총잔량이 적고, 매수 총잔량이 많으면 주가는 하락한다. 이유는 투자자들의 심리로 풀어볼 수 있다.

매도 총잔량이 많고 매수 총잔량이 적다는 것은 팔려는 주체가 많음을 의미한다. 매도자는 주가가 상승하고 있으니 현재보다 높은 가격에 매도하고 싶어 한다. 따라서 높은 가격에 매도를 걸어놓기 때문에 매도 잔량이 쌓이게 된다. 매수자는 오르고 있는 주식을 사고 싶지만 주가가 하락하지 않아서 현재가 혹은 시장가에 매수하게 된다. 따라서 매수 잔량은 적어지게 된다.

반대의 상황도 마찬가지다. 매도 총잔량이 적고 매수 총잔량이 많으면 주가가 하락하고 있기 때문에 매도자는 현재가 혹은 시장가로 팔아버리고 싶어 한다. 그렇게 거래가 체결되면서 매도 잔량은 줄어든다. 매수자는 현재가보다 낮은 가격으로 매수하고 싶어 하기 때문에 낮은 가격에 매수를 걸어놓게 되므로 매수 잔량은 쌓이게 된다.

둘째, 단주 매매가 자주 나타나면 다 이유가 있다. '단주 매매'란, 호가창의 거래 수량을 1주로 걸어놓는 것을 말한다. 거래하다 보면 단주 매매를 쉽게 보게 된다. 거래 주체가 종목에 관심을 유도하기 위한 경우가 대부분이다. 단주 매매 방식으로 거래량을 늘리면 투자자들의 관심을 쉽게 유도할 수 있다. 특정 거래 주체는 주가를 올리거나 하락시키는 과정에서 자주 단주 매매를 일으킨다.

매도벽(특정 가격에 대량 매도 물량을 쌓아놓고 거래가 밑에서 이뤄지게 유도하는 것)과 가까이 있으면서 단주 매매가 나오면 주가를 올리겠다는 의도로 파악할 수 있고, 매수벽(특정 가격에 대량 매수 물량을 쌓아놓고 거래가 위에서 이뤄지게 유도하는 것)과 가까이 있으면서 단주 매매가 나오면 주가를 내리겠다는 의도로 파악할 수 있다.

또한, 단주 매매가 들어오지 않고 매수벽을 지지해주는 상황이라면 매수벽 상단에서 세력이 단기 매집(일정한 가격대를 범위로 단기간에 물량을 모으는 행위)을 벌이고 있다고 볼 수 있다.

셋째, 허매수에 의한 물량 떠넘기기는 주의해야 한다. 단주 매매가 들어오면 물량 떠넘기기가 나올 가능성이 높다. 앞에서 소개한 대로 단주로 매매가 계속 체결되면 호가창이 깜박거린다. 투자자들의 관심을 끌 수 있다. 체결 강도도 높아져 체결 강도 상위종목으로 랭크되기도 한다. 이쯤 되면 투자자들의 관심은 기대감으로 바뀌고 매수에 나서는 투자자들도 나타나게 된다. 이때쯤 대량의 매도 물량이 한 번씩 쏟아져 들어온다. 매수벽에 걸쳐뒀던 물량을 걷으면서 물량을 내놓으면 자연스럽게 개인 투자자들은 대량의 물량을 중점적으로 매수하게 된다. 이렇게 특정 주체는 고점에서 개인 투자자들에게 물량을 넘기고 수익과 함께 사라진다. 다음 그림을 보면서 좀 더 알아보자.

매도잔량	호가	등락률	구분	값
27,086	1,595	+0.95%	상승가	1,735
21,124	1,590	+0.63%	하락가	1,415
			전일거래량	1,014,105
9,654	1,585	+0.32%	거래량	432,994
			기준가	1,580
6,558	1,580	0.00%	시 가	1,575
			고 가	1,575
3,711	1,575	-0.32%	저 가	1,540
			상한가	2,050
6,184	1,570	-0.63%	하한가	1,110
체결강도 87.26%	1,565	-0.95%	12,727	
1,565 1	1,560	-1.27%	16,035	
1,570 1				
1,570 1	1,555	-1.58%	10,028	
1,565 1	1,550	-1.90%	26,624	
1,570 1				
1,565 1	1,545	-2.22%	36,489	
1,570 1	1,540	-2.53%	41,772	
1,565 1				
95,029	총잔량	232,382		

왼쪽 그림은 단주 매매(1주씩 체결)가 이뤄진 모습을 보여주고 있다.

매도잔량	호가	등락률	구분	값
15,110	2,125	+4.94%	예상가격	2,100
			예상체결량	32,772
2,199	2,120	+4.69%	전일거래량	787,153
			거래량	746,935
1,237	2,115	+4.44%	기준가	2,025
			시 가	2,025
1,119	2,110	+4.20%	고 가	2,140
8,159	2,105	+3.95%	저 가	2,005
			상한가	2,630
5,885	2,100	+3.70%	하한가	1,420
체결강도 111.22%	2,090	+3.21%	1,000	
2,100 41	2,080	+2.72%	976	
2,100 82				
2,100 500	2,075	+2.47%	1,023	
2,100 100	2,070	+2.22%	3,091	
2,100 10				
2,100 1,000	2,065	+1.98%	400	
2,100 10,000	2,060	+1.73%	1,283	
2,100 100				
52,408	총잔량	21,885		

왼쪽 그림은 매도 물량이 매수 물량보다 많으면서 매도벽을 만드는 모습을 보여주고 있다.

돈이 되는 주식을 사라

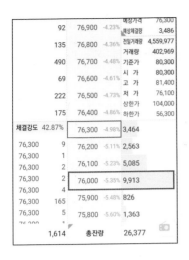

			예상가격	76,300
92	76,900	-4.23%	예상체결량	3,486
135	76,800	-4.36%	전일거래량	4,559,977
			거래량	402,969
490	76,700	-4.48%	기준가	80,300
69	76,600	-4.61%	시 가	80,300
			고 가	81,400
222	76,500	-4.73%	저 가	76,100
			상한가	104,000
175	76,400	-4.86%	하한가	56,300
체결강도 42.87%	76,300	-4.98%	3,464	
76,300 9	76,200	-5.11%	2,563	
76,300 1				
76,300 2	76,100	-5.23%	5,085	
76,300 2	76,000	-5.35%	9,913	
76,300 4				
76,300 165	75,900	-5.48%	826	
76,300 5	75,800	-5.60%	1,363	
76,300 1				
1,614	총잔량		26,377	

왼쪽 그림은 매수 물량이 매도 물량보다 많으면서 매수벽을 만드는 모습을 보여주고 있다.

물량 떠넘기기로 손실을 보지 않기 위해서는 처음부터 호가창의 흐름을 지켜보는 연습이 필요하다. 그리고 매수 대기 호가에 대량의 물량이 갑자기 들어오거나 나갈 때를 조심해야 한다.

물량 떠넘기기의 전형적인 방법은 단주 매매로 개인 투자자들을 현혹한 후에 매수벽 아래에 허매수를 걸어두는 것이다. 허매수에 속은 개인 투자자들은 허매수에 걸린 가격대만큼은 지켜주리라는 생각으로 들어온 물량을 매수한다. 대량의 매도 물량을 개인 투자자들이 매수하면 갑자기 허매수가 사라진다. 물량 떠넘기기에 당하지 않기 위해서는 '물량 떠넘기기'의 가능성을 염두에 두고 대량의 물량이 들어오거나 나올 때를 주의해야 한다.

넷째, 허매도에 속아 주식을 던지지는 말아야 한다. '허매도'란, 거짓 매도 주문을 말한다. 세력은 다량의 허매도를 내고 개인 투자자들의 투매를 유도해 매집에 활용한다. 호가창에 다량의 매도 주문이 있으면 개인 투자자들은 가격 하락을 유도하는 매물대라 생각하고 투매를 하게 된다. 세력은 이 물량을 받아 매집한다. 다음 그림을 보자.

· 왼쪽 그림은 매수 물량이 매도 물량보다 많은 것을 나타내고 있다.

왼쪽 그림은 매도 물량이 매수 물량보다 많은 것을 나타내고 있다.

허매도에 속지 않기 위해서는 매수 총잔량과 매도 총잔량을 확인하는 습관을 가져야 한다. 매수 잔량이 많을 때는 매도세 우위 구간으로 하락 추세라고 할 수 있고, 매도 잔량이 많을 때는 매수세 우위 구간으로 상승 추세라고 판단할 수 있다. 매도 잔량이 갑자기 많아지면 일단 의심하고 추세의 변화를 살펴야 한다.

다섯째, 호가창의 항목들을 활용해 적절한 타이밍을 잡는다. 당연한 말이지만 매수와 매도를 실행할 때는 반드시 호가창을 살펴야 한다. 전문 투자자들도 차트와 호가창을 동시에 보면서 주가의 흐름을 판단한 후에 매수와 매도에 나선다. 차트에서는 저항선과 지지선이 되는 전저점과 전고점을 확인하고, 호가창에서는 매도 총잔량과 매수 총잔량을 비교해 매수세가 강한지 매도세가 강한지를 확인한다. 여기에 시가, 고가, 저가, VI(Volatility Interruption, 개별 종목에 대한 체결 가격이 일정 범위를 벗어날 때 발동되어 주가의 급격한 변동을 막는 안전화 장치) 발동가와 각각의 거래량 변화 등을 확인하면서 상승기인지 하락기인지를 가늠한다. 단기적으로나마 호가창을 통해 흐름을 파악하면 대응 타점을 잡는 것이 조금은 수월해진다.

┃06┃
주식 투자의 기본,
기업 분석

코스피와 코스닥에는 2,000개가 넘은 기업이 상장되어 있다. 투자할 수 있는 기업이 적지 않다. 하지만 막상 선택하려고 하면 어렵기 그지없다. 가장 큰 이유는 '모르기 때문'이다.

개별 기업에 대한 정보를 찾는 노력을 하지 않고, 찾은 정보도 제대로 해석하지 못한다. 기업 분석을 할 때는 숫자로 보이는 지표를 확인하는 것 못지않게 지표로는 보이지 않는 미래의 성장 가능성을 확인하는 것도 중요하다. 공부와 노력이 꼭 필요하다. 이번에 다루는 항목들을 중점적으로 보면 초보자도 대략적인 감을 잡을 수 있으리라 생각한다.

투자 기업의 정보를 찾을 수 있는 곳은 대표적으로 금융감독원 전자공시시스템인 DART와 증권사 사이트다. 각각에서 취할 수 있는 정보를 확인하고 정보 분석 방법을 익혀야 한다. 기업의 내재 가치와 적정 주가 계산법을 익혀 실전에 활용한다면 많은 도움이 된다.

DART는 기업에 대한 정보를 얻고자 할 때 가장 먼저 방문해야 할 사이트다. 최근 몇 년간의 공시 내용을 살펴볼 수 있다. 구체적으로 분기보고서에서 눈여겨봐야 할 내용은 회사의 개요와 연혁, 자본금 변동, 주식 총수, 배당(에 관한 사항), 사업 내용, 재무(에 관한 사항), 감사인 의견, 계열사 관련 사항 등이다. 차례차례 그 내용을 알아보자.

회사의 개요와 연혁 회사가 보유한 기술과 노하우를 알 수 있다. 업력이 짧은 기업에 비해 오래된 기업이 안정적이라고 볼 수 있다.

자본금 변동 자본금 변동이 일어난 이유를 살펴본다. 특히 전환사채나 신주인수권부사채를 발행했다면 회사의 자본 상태를 반드시 확인해야 한다. 공시 분석 중 공시의 주체와 목적을 파악할 수 있다면 이해가 쉬워진다.

주식 총수 주식 수가 많으면 주식 발행이 빈번했다는 것을 의미한다. 주식 총수의 증가 혹은 감소 이유를 확인해야 한다.

배당 꾸준히 배당하고 있다면 안정적인 수익을 내고 있다고 판단할 수 있다.

사업 내용 업황과 시장 점유율, 비전 등을 확인할 수 있다. 어떤 사업을 하고 있는지, 향후 계획은 어떤지 등을 확인한다. 신사업을 진행한다면 시장을 주도할 수 있는 사업인지도 확인하는 것이 좋다.

재무 기업의 재무 상태를 파악한다고 하면 자산, 부채, 유보율과 실적을 확인하는 것이라고 할 수 있다. 이로써 기업의 유동성, 수익성, 위험도 등을 평가할 수 있다.

자산은 전년과 비교해 증가했는지를 확인한다. 절대값은 클수록 좋다. 부채는 늘면 악재이고, 줄면 호재다. 부채 비율(부채÷자본)은 기업의 재무 안정성을 나타내는 지표로 기업의 자산 중 부채가 차지하는 비율을 나타낸다. 100%를 넘지 않는 것이 좋으며 낮을수록 안정적이라고 할 수 있다. 유보율이 높으면 회사가 현금을 많이 보유하고 있다고 할 수 있다. 실적에서 당기순이익은 모든 비용을 차감하고 나온 순이익을 의미한다.

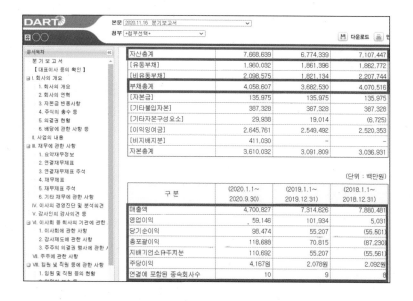

감사인 의견 감사 시즌인 2~3월에 제일 먼저 봐야 할 부분이다. 의견 거절이나 부적절 의견을 받은 기업은 거래 정지와 상장 폐지

로 이어질 수 있다. 감사인 의견은 적정 의견, 한정 의견, 부적정 의견, 의견 거절 등 4가지가 있다. 자세한 내용은 다음 '공시'를 다루면서 설명하겠다.

계열사 관련 사항 타법인 출자 현황, 계열사의 관계를 확인한다. 주주 현황을 파악하는 것도 투자에 많은 도움과 참고가 된다. 최대 주주로 있는 기업의 주가를 점검함으로써 해당 기업에 미치는 영향을 가늠해볼 수 있다.

주주현황

주주명	보통주 (주)	지분율 (%)
○○○○○ (외 3인)	11,080,695	40.75
국민연금공단	3,022,199	11.11
자사주	633,354	2.33
○○○○우리사주	21,599	0.08
김○○	4,377	0.02
성○○	2,875	0.01

다음으로 증권사 사이트나 앱에서 확인할 수 있는 기업 정보를 알아보자. 종목을 선택하면 해당 기업의 총주식 수, 시가총액, PER, PBR, EPS, BPS 등을 확인할 수 있다. 앞의 기초 용어를 다룰 때 그 내용은 확인했으니 여기서는 개별 종목에서 유심히 봐야 할 부분을 짚어보도록 하자.

PER(Price Earning Ratio) Price(주가), Earning(수익), Ratio(비율)의 PER은 '주가 수익 비율'을 의미한다. 1주당 벌어들이는 수익에 비해 현재 주가가 고평가인지, 저평가인지를 확인할 수 있는 지표라고 할 수 있다.

PER은 '주가÷주당 순이익(EPS)'으로 계산한다. 예를 들어서 A 기업의 EPS가 353이고, 현재 주가가 14만 원이라면 (약) 396이 나온다. 현재 A 기업의 주가는 1주당 벌어들이는 수익의 396배라는 의미다. 달리 해석하면 396배의 기대감을 갖고 있다고 해석할 수 있다.

PER이 낮으면 저평가이고, 높으면 고평가지만 여러 가지를 같이 고려해야 한다. 그래서 동종업계의 평균 PER를 고려해 상대적으로 평가하는 것이 상례다.

PBR(Price On Book value Ratio) Price On(주가), Book value[순자산(총자산 – 부채)], Ratio(비율)의 PBR은 '주가 순자산 비율'을 의미한다. 기업의 주가가 순자산 대비 몇 배인지를 나타낸다.

PBR은 '주가÷주당 순자산(BPS)'으로 계산한다. 주가는 기업의 시장 가치, PBR은 기업의 청산 가치이므로 두 가치를 다음과 같이 비교해 본다.

- 'PBR 〉 1'이면 고평가, 'PBR 〈 1'이면 저평가
- PBR=ROE(자기 자본 이익률)×PER

순자산은 총자산에서 부채를 빼고 남은 금액을 의미하기 때문에 순자산이 클수록 회사의 재무구조가 안정적이라고 할 수 있다.

[B 기업]

주가	50,000원
총주식 수	3,000주
총자산	10억 원
부채	7억 원
순자산	3억 원

[C 기업]

주가	25,000원
총주식 수	40,000주
총자산	5억 원
부채	1억 원
순자산	4억 원

B 기업의 PBR은 0.5, C 기업의 PBR은 2.5이다. 주당 순자산 비율의 수치가 낮을수록 기업의 수익력과 성장력이 높다고 판단할 수 있다. 1주당 50,000원의 B 기업이 주가는 높지만 C 기업보다 주가가 더 많은 비율로 상승할 가능성이 높다고 판단할 수 있다.

BPS(Book value Per Share) Book value(순자산), Per(~당), Share(주식)의 BPS는 '주당 순자산 가치'를 의미한다. 1주당 기업의 순자산이 얼마의 가치인지를 나타내는 지표다. 극단적인 예로 BPS는 기업이 파산하면 주당 얼마를 받을 수 있는지를 나타내는 지표이기도 한데 기업이 영업 활동을 중단했을 때 기업의 자산을 모든 주주에게 나눠줄 경우 1주당 얼마씩 돌아갈 수 있는지 나타내는 수치다.

BPS는 '기업의 순자산(기업의 총자산 - 부채)÷발행 주식 수'로 계산한다. 예를 들어 총발행 주식 수가 1,000주이고, 순자산이 1억 원이라고 하면 BPS는 10만 원(=1억 원÷1,000)이 나온다.

BPS가 높을수록 재무 건정성이 높은 기업이라고 판단할 수 있다. 단, BPS에는 주가 정보가 고려돼 있지 않기 때문에 해당 회사의 주가가 자산 가치에 비해 얼마나 저평가 혹은 고평가되어 있는지 판단하기 위해 PBR을 활용한다.

EPS(Earning Per Share) Earning(순이익), Per(~당), Share(주식)의 EPS는 '주당 순이익'을 의미한다. 기업이 번 순이익을 해당 기업이 발행한 총주식 수로 나눈 값이다.

EPS는 '당기 순이익÷총발행 주식 수'로 계산할 수 있다. 총발행 주식 수가 높아지면 EPS는 낮아지고, 당기순이익이 높아지면 EPS는 높아진다. 예를 들어 총발행 주식 수가 100주이고 당기순이익이 1,000만 원이라면 EPS는 10만 원(=1,000만 원÷100)이 된다. 1주당 10만 원의 순이익을 내고 있다고 해석할 수 있다. EPS가 높으면 순이익이 높다고 해석할 수 있고 동시에 기업이 돈을 잘 벌고 있다고 표현할 수 있다. 분기별로 EPS의 추세가 어떤지를 보는 것이 기업을 판단하는 조건이 된다.

ROI(Return On Investment) '투자 자본 수익률'을 말하며 영업에 투자한 자산 대비 수익률을 구하는 방법이라고 할 수 있다. 투입한 자본 대비 얼마나 투자의 효율성을 나타내는지를 본다. 생산 활동에 투입된 자본이 효율적으로 운영되는가를 확인하기 위한 지표다.

ROI는 '당기 순이익÷총자본'으로 계산할 수 있다. ROI가 높을수록 기업이 효율적인 투자를 하고 있다는 것을 나타낸다.

ROA(Return On Assets) '총자본 수익률'을 말하며 기업의 총자산 운영 능력을 나타낸다. 갖고 있는 모든 자산총액에서 순이익이 차지하는 비중을 의미한다. ROA가 높은 기업은 효율적인 경영을 한다고 할 수 있다.

ROA는 '(당기 순이익÷자산 총액)×100'으로 계산한다. 총자산 (자기 자본+부채)이 200억 원인 D 기업이 40억 원의 수익을 냈다면 ROA는 20%가 된다.

ROE(Return On Equity) '자기 자본 이익률'을 말하며 투입한 자본 대비 얼마나 이익이 났는지 평가하는 방식이다. ROE가 높으면 자기 자본 대비 돈을 잘 버는 것으로 ROE가 높을수록 좋다. ROE는 다음과 같은 식으로 값을 얻을 수 있다.

- 당기 순이익÷자기 자본×100(%)
- (당기 순이익÷매출액)×(매출액÷자기 자본)×100(%)
- 매출액 순이익률(당기 순이익÷매출액)×자기 자본 회전율
- 매출액 순이익률×총자산 회전율×(1+부채÷자기 자본)

여기서 '총자산(총자본) 회전율'은 '매출액÷총자본'이다. 총자산이 200억 원(자기 자본 130억 원+부채 70억 원)인 E 기업이 40억 원의 수익을 냈다면 ROE는 (약) 30.8%가 된다.

최소한 은행 이자보다 높아야 주식에 투자하는 장점이 생기기 때

문에 ROE가 10% 이상이면 수익성이 높은 기업이라고 할 수 있다. 특히 장기 투자자들에게는 중요한 지표가 될 것이다.

우리가 ROE를 볼 때 판단해야 하는 것이 있다. 매출이 점차 늘면서 배당 수익이 높지 않다면 좋은 주식이라고 할 수 있다는 판단이다. 또한, ROE로 종목을 선택한 후 주가 적정 여부는 PER로 판단해야 하는데 PER이 높으면 고평가이고, PER이 낮으면 저평가이기 때문이다.

┨07┠
공시는 경영 내용을
이해관계자에게 알리는 제도

　공시는 사업 내용이나 재무 상황, 영업 실적 등 기업의 경영 내용을 투자자 등 이해관계자에게 알리는 제도다. 주식 시장에서는 가격과 거래에 영향을 줄 수 있는 중요 사항들을 알려준다.

　실제 투자자들은 공시를 의사 결정의 중요한 근거로 활용한다. 이번에는 여러 가지 공시 가운데 주가에 크게 영향을 미치는 것들을 알아보도록 하겠다. 투자자 입장에서 이해가 쉽도록 호재 공시와 악재 공시로 구분했다.

┃호재 공시

무상 증자 '증자'는 기업이 자본금을 늘리는 것을 말한다. 그중에서 무상 증자는 기존의 주주들에게 공짜로 주식을 주는 것이다. 흔히 1대 1 무상 증자를 많이 한다. 1대 1 무상 증자가 되면 주식 수는 2배로 증가하지만 주가는 권리락(기준일 이후에 결제된 주식을 말하며 넓은 의미에서는 증자 신주 등의 배정 권리와 배당 권리가 없어진 것을 말함)이 되어 기존의 반 가격이 된다. 투자자 입장에서는 주식이 2배가 되어도 주가는 절반으로 줄었기 때문에 증자로 인한 이익이 없을 것 같다. 하지만 시장에서 무상 증자는 호재로 작용한다. 무상 증자는 기업의 이익 잉여금을 자본금으로 옮기는 과정이 포함되는데 시장에서는 이를 '기업의 재무구조가 양호하다'라는 신호로 받아들인다. 또한, 늘어난 유통 주식은 거래를 활발하게 만든다.

인수 · 합병 인수는 한 기업이 다른 기업의 주식이나 자산을 취득하면서 경영권을 획득하는 것을, 합병은 2개 이상의 기업이 법률적으로나 사실적으로 하나의 기업으로 합쳐지는 것을 말한다. 인수자가 대기업일수록 주가 상승의 효과가 크며 자회사의 실적과 모멘텀도 매우 중요하게 평가된다.

자사주 매입 자사주(자기 주식)는 기업이 스스로 발행한 주식을 구입해 보유하고 있는 주식을 말한다. 자사주를 매입하는 이유는 보통 지나치게 낮게 평가된 주가를 안정화하기 위해서, 그리고 적대적 M&A(인수·합병)에 대비하기 위한 경영권 빙어 차원에서다.

기업이 현금으로 유통 주식을 사들이면 유통 주식의 총량이 줄어들면서 주당 순이익은 늘어나고 현금 흐름도 용이해진다. 주당 순이익은 순이익을 유통 주식 수로 나눈 것인데 자사주 매입을 하면 현금성 자산은 줄지만 주당 순이익은 늘어난다. 이러한 상황 개선으로 주가도 상승하게 된다. 기업은 이를 통해 외부로부터 좋은 평가를 받을 수 있고 외부에서 자본을 투여받는 것도 용이해진다.

자사주 소각 기업이 자사의 주식을 취득해 없애는 것을 말한다. 이 소각은 주주의 이익과 직결된다. 기업의 가치는 변하지 않지만 소각을 통해 매물에 대한 부담이 줄고 전체 발행 주식 수도 줄어 주당 가치는 올라가게 된다. 그러나 자사주 소각을 통해 자본금 또는 이익 잉여금은 감소해 자본총계는 줄어든다.

단일 판매, 공급 계약 체결 일정 규모 이상의 단일 판매나 공급 계약을 체결했을 때 상장 기업은 공시를 해야 한다. 전년도 매출액 대비 계약금액에 따라 '의무 공시'와 '자율 공시'로 나눠진다.

코스닥 기업은 계약금액이 전년도 매출액의 10% 이상일 경우, 코스피 기업은 계약금액이 전년도 매출액의 5% 이상일 경우 의무 공시를 해야 한다. 또한, 자산총액 2조 원 이상의 대규모 기업은 전년도 매출액의 2.5% 이상인 계약을 체결했을 때 의무 공시 대상이 된다. 자율 공시의 경우 금액에 상관없이 기업이 원한다면 공시할 수 있다. 공시된 계약 규모가 클 때 주가 상승도 크게 나온다.

액면 분할 액면가를 낮춰 주식 수를 늘리는 것을 말한다. 액면가액 10,000원짜리 1주를 2주로 액면 분할하면 5,000원짜리 2주가 된다. 액면 분할이 되면 시장 가격도 거의 해당 비율로 조정이 되어 주주의 자본 이득은 발생하지 않는다. 주식 수가 늘어남으로써 거래가 활발해져 주가 상승을 기대할 수 있다.

신규 사업 공시 신규 사업은 기업의 성장 가능성을 보여줘 투자자의 기대감을 높인다. 기존에 진행하던 사업이 문제없이 진행되면서 신규 사업을 병행하게 된다면 주가 상승의 이유가 될 수 있다.

⫼ 악재 공시

유상 증자 흔히 유상 증자는 단기적 악재로 평가된다. 그렇지만 기간을 길게 늘여보면 꼭 악재로만 남지는 않는다. 투자에 임할 때는 유상 증자 후 주가 변화의 일정한 패턴을 확인하는 것이 좋다.

보통 유상 증자를 발표하는 날에 주가 하락이 크게 일어난다. 일반 투자자들이 유상 증자를 악재로 인지하고 투매로 대응하기 때문이다. 하지만 주가의 조정은 유상 증자 기준일(권리락일) 전후로 해서 마무리되는 경향이 있다. 이후에는 주가가 반등하는 패턴을 보인다.

다음 페이지의 차트는 유상 증자에 의한 주가 변화 패턴을 보여준다. 유상 증자 공시가 된 날 주가는 하락했지만 이후 기간 조정을 통해 원래의 가격을 만회하고 더 높은 가격으로 상승했다.

따라서 유상 증자 공시를 볼 때는 해당 기업의 실적과 전망, 재무구조 등과 발행 주식의 수 등 여러 요소를 확인한 후 투자를 결정해야 한다. 앞에서 소개한 것처럼 단순히 유상 증자 소식을 듣고 투매에 동참하기보다는 투자 기간을 고려해 단타로 매매할지, 저가에 추가 매수를 할지 등도 고민해봐야 한다.

전환사채 사채지만 주식으로 전환이 가능한 전환사채를 발행하면 일반적으로 시장은 단기적 악재로 받아들인다. 그러나 시장 상황과 전환사채 발행 목적에 따라 호재가 되기도 한다. 공시를 살필 때는 발행 주체와 발행 목적을 놓쳐서는 안 된다.

전환사채 발행 사례를 통해 좀 더 살펴보자. A 기업은 2020년 10월 14일에 전환사채 발행 공시를 했다. 내용을 살펴보니 사채 발행 금액 400억 원 중 300억 원이 시설에 투자하기 위한 자금이었다. 2021년 10월 27일부터 전환 가능한 조건이며 전환가액은 1,428원이다. 주식 총수 대비 전환될 주식은 19.36%로 적지 않다. 따라서 전환사채 발행 소식은 단기적으로 악재로 작용해 주가가 조정을 받았다. 그런데 자금의 투입 목적이 '테슬라의 판매량 증가에 따른 증설'로 알려지면서 장기적으로는 호재가 됐고 이내 주가도 상승했다.

신주인수권부사채 전환사채의 경우 주식으로 전환되면 채권은 소멸하지만 신수인수권부사채는 채권이 그대로 유지된다. 투자자가 원하면 발행 기업의 신주를 인수할 수 있는 권리만 부여된다. 물론 신주 인수를 위한 추가 자금도 필요하다.

신주인수권부사채의 발행은 시장에서 악재로 받아들이는 경우가 많다. 기업이 채권 발행을 통해 얻은 현금으로 기존의 채권을 상환하는 돌려막기식 경영을 할 수 있고 기업의 발행 주식 수가 늘어나면서 주주 가치도 희석되기 때문이다. 늘어난 주식은 기존 주주에게 매물 부담을 줄 수도 있다. 단, 신주인수권부사채 역시 발행으로 만들어진 자금이 사용되는 용처에 따라 호재로 바뀔 여지는 충분히 있다.

횡령과 배임 모럴 해저드(Moral Hazard)로 일컬어지는 대주주, 대표이사, 임원 등의 횡령과 배임은 악재 중의 악재다. 종목을 선택하기 전에 해당 기업에 이러한 악재가 있었는지 최근 3년 동안의 공시를 확인하는 것이 좋다. 관련 내용이 있다면 투자 시 유의해야 한다.

불성실 공시 상장 기업이 공시 의무를 성실히 이행하지 않는 것을 '불성실 공시'라고 한다. 공시제도는 해당 기업의 재무 내용 등 투자자들의 권리 행사나 투자 판단에 필요한 자료를 알리도록 의무화한 것이다. 따라서 불성실 공시를 한 경우에는 불성실 공시 사실을 공표하거나 매매 거래 정지, 관리 종목 지정 및 상장 폐지 등의 제재를 받을 수 있다.

보고서 지연과 거절 감사보고서와 사업보고서 제출이 지연되는 이유는 외부 감사인이 기업으로부터 자료를 제때 받지 못해 감사를 마무리하지 못했거나 최종 감사 의견을 두고 입장 차가 있는 경우 등이다. 감사 의견은 적정 의견, 한정 의견, 부적정 의견, 의견 거절 등 4가지로 나눠지는데 투자 판단에 반드시 참고해야 한다.

<u>적정 의견</u> 대상 기업이 기업 회계 기준을 잘 준수했을 때 제시한다. 하지만 그 자체로 재무 상태가 양호하다는 것을 의미하지는 않는다. 적정 의견을 받은 기업도 얼마든지 부실로 이어질 수 있다. 이후 부실 기업으로 예상되면 적정 의견을 기재하면서 '계속 기업에 대한 불확실성'이라는 강조사항을 기재하기도 한다.

<u>한정 의견</u> 적정 의견과 의견 거절의 중간 정도를 나타낸다. 감사 의견을 형성하는 데 합리적인 증거를 얻지 못했다고 판단한 경우에

제시된다. 예를 들어, 재무제표는 문제가 없으나 특정 항목에 대한 충분한 정보를 수집할 수 없으면 한정 의견이 제시된다.

　<u>**부적정 의견**</u> 중요 사안에 대해 기업 회계 기준을 위배해 재무제표를 작성한 경우에 제시된다.

　<u>**의견 거절**</u> 재무제표에 대한 정보를 얻을 수 없는 바람에 감사 범위가 제한될 때의 상황을 말한다. 요청한 자료에 대해 이행이 되지 않거나 불성실하게 대응하는 경우에 의견 거절을 제시한다.

　거래처와의 거래 중단 거래처와의 거래 중단은 시장에서 악재로 받아들여진다. 특히 거래 중단한 거래처가 대기업이라면 해당 기업의 매출 하락과 직결되기 때문에 해당 공시를 잘 살펴봐야 한다.

*

　투자 종목에 대해 공부하거나 투자 결정을 할 때는 짧게는 3년, 길게는 10년 정도 해당 종목의 공시 내용을 꼼꼼히 살펴봐야 한다. 특히 악재는 돌발적인 상황에서 나올 수 있으므로 미리 여러 요건을 검토해놓는 것이 좋다.

┃08┃
유통 가능한 주식을 통해
주가 흐름 예측하기

유통 주식 수는 기업의 가치 측정에 매우 요긴한 숫자다. 기업의 재무 상황을 나타내는 각종 지표는 상장 주식(발행 주식) 수를 기본으로 한 경우가 많다. 그러나 기업의 가치 평가에서는 유통 주식 수가 더 자주 사용된다. 상장 주식 수를 기준으로 지표를 해석하다 보면 기업의 가치를 확대해 해석하는 경우가 생긴다. 유통 주식 수라는 개념을 이해하고 이를 기업 가치 분석에 활용할 줄 알아야 한다.

상장 주식 수는 코스피 또는 코스닥에 상장할 때 등록한 주식 수를 말하고, 유통 주식 수는 대주주 등의 지분을 제외하고 남은 거래가 가능한 주식 수를 말한다.

유통 주식 수는 최대 주주나 5% 이상의 지분을 가진 자가 매도하면 변동될 수 있다. 어떤 이유로 유통이 많이 되지 않는 주식을 세력이 대량 매입한다면 쉽게 주가를 상승시키거나 하락시킬 수 있다. 리스크를 줄이기 위해서라도 종목 분석 시에 유통 주식을 확인해야 한다.

'거래량이 터졌다'라고 할 때의 거래량 기준도 유통 주식 수다. 거래량 평가 기준을 유통 거래량으로 확인하고 그 수만큼 또는 2배 이상의 거래량이 나올 때를 유심히 살펴야 한다. 흔히 고점에서 거래량이 터졌다면 매도 관점으로, 저점에서 거래량이 터졌다면 매수 관점으로 접근한다.

상장 주식 수와 유통 주식 수 간의 차이를 가장 크게 확인하는 경우는 표면상의 시가총액과 실제 시가총액을 비교할 때다. '실제 시가총액'이라는 말은 잘 쓰지 않지만 투자자들이 꼭 알아야 할 개념이기에 추가로 설명하겠다.

투자자들은 기업 분석을 할 때 표면상의 시가총액보다 기업의 실제 가치에 부합하는 '실제 시가총액'을 확인해야 한다. 표면상의 시가총액은 전체 주식 수에 현재 주가를 곱해서 계산하고, 실제 시가총액은 유통 주식 수에 현재 주가를 곱해서 계산한다. 실제 시가총액이 중요한 이유는 대주주 물량을 제외하고 실제로 유통되는 주식을 계산해야 기업의 정확한 시가총액을 알 수 있고 그 기준으로 거래량 계산을 하기가 용이하기 때문이다. 예를 들어, 어떤 종목의 주당 현재 가격이 10,000원이고, 발행 주식 수는 10주, 유통 주식 수는 5주라면 표면상의 시가총액은 10만 원이다. 그런데 실제 유통되는 주식 수는 5주이기 때문에 실제 시가총액은 50,000원이 된다.

만약 기업을 매수하려고 한다면 다음과 같이 매수할 수 있다. 기업 (총)가치(EV: Enterprise Value)는 기업의 매수자가 매수 시 지급해야 하는 금액으로 자기 자본의 가치와 부채의 가치를 더하거나 주식의 시가총액에서 순부채를 더해 산출하는 방식이다.

$$EV = 시가총액 + 순차입금(총차입금 - 현금 예금)$$

기업 가치(EV)는 기업의 미래 수익 창출 능력을 현재 가치로 환산한 것이기 때문에 기업이 앞으로 벌어들일 총수익을 이자율(평균 자본 비용)로 할인해 현재 시점에서 그 기업의 가치를 산출한 값으로 정할 수 있다.

상장한 종목으로 유통 가능한 주식과 실제 시가총액을 계산해보자.

대표자	이○○, 이○○	계열명	○○ 건설
설립일	1977/08/10	상장일	1999/12/10
결산월	12월 결산	액면가	500 원
보통주	27,214 천주	우선주	0
유동주식	10,434 천주	유동비율	38.34 %
대표번호	02-○○○-○○○	IR담당	02-○○○-○○○

이 종목의 보통주는 2,721만 4,000주이고, 유동 비율은 38.34%다. 상장 주식 수 대비 38.34%가 유통되고 있으므로 실제 유통 주식은 (약) 1,043만 4,000주가 된다. 전체 유통주인 보통주 2,721만

4,000주 모두가 시장에서 거래가 되지 않는다는 사실을 인지하는 것이 중요하다. 시장의 거래량이 많고 적음은 실제 유통 주식을 기준으로 해야 정확하게 판단할 수 있다.

이 종목으로 시가총액 계산을 해보자. 집필할 당시 시가총액은 846억 원이었는데 주가가 3,015원이어서 실제 시가총액은 약 314억 원(=3,015원×1,043만 4,000주)이다.

시가총액과 실제 시가총액을 구분하는 이유는 실제로 유통되는 주식을 계산해야 세력이 가진 물량을 유추할 수 있기 때문이다. 상한가를 간 종목의 거래량과 거래대금을 통해 세력의 물량을 유추해 내면 향후의 주가 방향 역시 예상이 가능해진다.

전일종가	3,015	시장구분	코스닥
거래대금	1,057백만	결산월	12월
액면가	500 (원)	일반(40 %)	신용가능
대용가	2,050원	총주식수	27,213,580
기준가	3,015원	시가총액	846억원

표기된 시가총액과 실제로 유통되는 주식 수로 계산한 시가총액 간에는 상당한 괴리가 존재한다는 것을 확인할 수 있다. 물론 시가총액과 실제 유통 주식 수로 계산한 시가총액 간의 괴리가 있다는 것이 좋다거나 나쁘다는 평가의 대상은 아니다. 다만 종목을 매매

할 때 전체 시가총액만 보지 말고 유통되는 주식의 시가총액으로도 계산을 해보면 주가에 대한 좀 더 정확한 평가가 가능하다는 점을 기억해야 한다.

09
주가와 정보의
상관관계 알아보기

개인 투자자는 기관이나 외국인 투자자보다 정보가 부족한 것이 사실이다. 뉴스와 공시는 기업의 재무제표로는 알 수 없는 정보를 제공한다. 또한, 모두에게 오픈된 정보다. 부지런히 찾아보고 확인한다면 투자 결정에 큰 도움을 받을 수 있다. 이번에는 기업 정보(뉴스)를 중심으로 주가 변화를 관찰하는 방법과 정보의 활용법을 소개하고자 한다.

잘 알려져 있듯이 뉴스는 주가에 영향을 미치는 매우 중요한 재료다. 새로운 뉴스가 나온 후 관련 종목의 주가가 상한가를 가거나 하락하는 경우는 비일비재하다. 뉴스가 나왔는데도 주가에 아무런 영향을 미치지 못하는 경우도 더러 있다. 투자자로서는 같은 뉴스인데 시장의 반응이 다른 것이 신기할 뿐이다.

궁금증을 해소함과 동시에 투자의 리스크를 줄이면서 수익률 제고를 위해서는 주식과 정보의 상관관계를 이해해야 한다. 그리고 정보를 통해 등락이 나타나는 패턴을 몸으로 익히는 과정도 필요하다.

가장 먼저 뉴스를 대할 때는 어떻게 행동해야 할까? 무턱대고 뉴스를 사실로 받아들이기보다는 '사실 여부'를 먼저 확인하겠다는 태도를 가져야 한다. '팩트 체크'를 제대로 하지 않으면 오보에 속아 넘어가기 쉽다. 항상 거짓 정보를 2중, 3중으로 거르는 태도가 필요하다. 특히 공시 관련 뉴스, 호재 혹은 악재 뉴스를 접할 때는 게재된 공시 원문이나 기업에서 직접 내보낸 보도자료를 찾아 해당 내용의 사실 유무를 확인해야 한다. 자칫 가짜 뉴스에 의해 투자를 결정했다가는 손실 발생이 불을 보듯 뻔하다. 돌다리도 두드리는 마음으로 점검해야 한다.

그다음으로는 뉴스가 나오고 관련 종목의 주가 움직임을 살펴보며 연관관계를 파악하는 연습을 해야 한다. 지속적으로 관찰하다 보면 뉴스가 주가에 어떤 영향을 끼치는지 감을 잡을 수 있다. 일례로 구제역 뉴스가 터지면 돼지고기 가격은 떨어지지만 반사이익으로 닭고기 가격은 올라간다. 이러한 변화가 주가에도 반영돼 관련 종목들의 주가가 움직인다. 원인과 결과에 해당하는 부분을 집어내고 대응하는 투자를 해야 한다.

좀 더 구체적으로 뉴스를 대하는 기술을 연습해 보자. 코로나 확산으로 인해 수도권의 사회적 거리 두기가 4단계로 상향 조정된다는 기사는 주가에 어떤 영향을 미칠까? 우선 다음과 같은 관련 종목을 연상해볼 수 있다.

[사회적 거리 두기 관련 종목]

- 간편 식품주: 서울식품, 보라티알, 푸드웰, 우양, CJ씨푸드
- 편의점주: 케이씨에스, GS리테일, BGF리테일
- 배달주: KR모터스, 휴맥스
- 포장재주: 한국팩키지, 삼륭물산, 태림포장
- 골판지 제지주: 신풍제지, 영풍제지, 대영포장, 페이퍼코리아
- 물류 택배주: 한익스프레스, 태웅로직스, 동방, 지어소프트
- 음압 병실주: 에스와이, 우정바이오, 오텍, GH신소재
- 재택 근무주: 이씨에스, 알서포트, 링네트, 소프트캠프

사회적 거리 두기가 4단계 정도까지로 격상되면 대면 활동이 제한되면서 온라인 쇼핑이 활성화될 수 있다. 자연스럽게 택배, 포장, 배달 관련 주들이 반사이익을 받을 것이다. 또한, 식당 방문이 어려워지면서 간편 식품 관련주들, 포장과 관련된 제지주, 물류 택배주, 배달 관련 주들이 순차적으로 상승하는 모습을 보일 수 있다.

또 다른 예로, 정부 정책 관련 뉴스를 통해 그날의 상승 종목을 예측해보자. 2020년 12월 15일 정부에서는 '디지털 뉴딜 활용 데이터 매직 콘퍼런스 개최', '자율주행차 가이드라인 발표', '제4차 저출산 고령사회 기본 계획' 등을 발표했다. 이를 주가와 연결해 보면 다

음과 같은 종목의 상승세를 점쳐볼 수 있다.

- 디지털 뉴딜 활용 데이터 매직 콘퍼런스 관련주: 데이타솔루션, 오픈베이스, 엑셈
- 자율주행차 가이드라인 발표 관련주: 모트렉스, 라닉스, 남성, 모바일어플라이언스, THE MIDONG
- 제4차 저출산 고령사회 기본 계획 관련주: 아가방컴퍼니, 제로투세븐, 토박스코리아

이처럼 뉴스를 통해 제시된 종목들을 떠올릴 수준이 되려면 뉴스에서 나오는 정책, 계약, 투자, 신사업 등의 키워드를 종목과 연결해 생각할 수 있을 정도로 다양한 기본 정보를 쌓고 있어야 한다. 이전에 뉴스가 주가에 영향을 미친 사례들을 찾아보고 종합적으로 판단하는 사고를 키운다면 훨씬 도움이 될 것이다. 실제 뉴스를 보고 어떤 종목이 영향을 받을지 예상하며 관련 종목의 주가를 관찰하다 보면 정보에 의해 주가의 상승과 하락이 나타나는 상황을 이해하고 활용할 수 있게 된다.

이제 정보와 주가의 유관성을 살필 때 주의할 점을 살펴보고자 한다. 우선 뉴스와 찌라시를 구분해야 한다. 앞에서 뉴스의 팩트 체크가 중요하다고 했다. 같은 맥락으로 의도가 드러나는 기사 형식의 광고를 주의해야 한다. 찌라시를 구분하기 위해서는 뉴스의 일관성을 살피고 내용의 주체나 목적이 명확한지도 확인해야 한다.

뉴스를 통해 관심을 유도하고 개인 투자자들에게 물량을 넘기려는 것은 아닌지 확인 또 확인해야 한다.

아무리 좋은 뉴스라도 내가 본 것이 재가공 뉴스(기사)라면 거른다. 호재로 작용할 힘이 약하기 때문이다. 사실 가장 처음 보도된 뉴스는 신선하고 트렌드에 맞는 경우가 많아 파급력이 크고 주가에 영향을 미친다. 어떤 산업에 대한 육성 정책, 대기업 신사업 발표, 대규모 투자 결정 등의 뉴스는 투자자의 기대감을 키워서 주가를 상승시킨다. 그러나 재가공된 2차, 3차 기사는 소위 말하는 '약발'이 약하다. 반복된 뉴스, 재가공된 뉴스는 주가를 하락시킬 가능성도 있으므로 주의해야 한다.

마지막으로 뉴스에 의해 기대감이 최고조에 달할 때는 매수보다는 매도의 관점으로 접근하는 것이 낫다. 주식 시장의 격언 중에 '소문에 사서 뉴스에 팔아라'가 있다. 이미 기대감이 최고조에 달했다면 시장은 매도로 대응할 수도 있다. 과거에는 어떤 뉴스에 어떤 대응이 나왔는지 점검하는 것도 도움이 된다.

투자자뿐 아니라 수많은 사람이 뉴스와 정보의 홍수 속에 살고 있다. 그래서 수많은 뉴스와 정보 속에서 금과옥조를 걸러내는 눈이 필요하다. 뉴스나 정보를 통해 종목과 산업에 대한 지식을 쌓으면서 뉴스나 정보가 주가에 미치는 영향력을 반복적으로 학습해야 한다. 시장의 흐름을 확인하면서 투자자로서 안목을 키우다 보면 투자에 대한 확신도 점차 커질 것이다.

10
시장의 트렌드를 읽으며 매매하자

주식에도 흔히 유행이라고 하는 '트렌드'가 있다. 흔히 경제에 밝은 투자자들이 트렌드에도 밝다고 하지만 경제에 밝지 않아도 충분히 주식의 트렌드를 읽을 수 있다.

주식에서 알아야 할 트렌드에는 알 수 없는 미래 예견처럼 어려운 것도 있지만 강추위가 몰려오면 옷을 두껍게 입어야 한다는 정도의 생활 밀착형 트렌드도 있다. 초보자일수록 일상에서 쉽게 떠올릴 수 있는 것부터 접근해 주식의 트렌드와 연결해 보는 습관을 갖는다. 일례로 특정 연예인이 유명한 기획사와 계약을 했다거나 유명한 제작사가 초대형 영화를 제작하고 있다는 뉴스를 봤다면 관련 기업들을 찾아보는 식이다. 코로나 백신과 관련 기사가 나왔다면 코로나가 종식된 이후에 다시 붐을 이룰 기업에는 어떤 기업이 있는지 확인하고 투자 시나리오를 작성해 보는 식이다. 물론 이 정도를 예상하기 위해서라도 새로운 뉴스와 시대의 변화를 읽는 정도의 정보 탐색은 해야 한다.

시장의 트렌드를 놓치지 않기 위해서는 주기적으로 정보를 업데이트하는 습관을 갖는 것이 가장 좋다. 매일 확인해야 하는 것부터 계절별로 상황을 관찰해야 하는 것까지 다양하다. 정보원들을 리스트업하고 차근차근 실행하는 것이 최선이다. 다음에 정보원과 확인해야 할 사항을 정리해봤다.

첫째, 정부 부처들의 일정과 이벤트를 확인한다. 포털 사이트에서 정부의 부처 이름만 검색해도 쉽게 관련 종목을 발굴할 수 있다. 투자 기간은 단기 및 중기적 관점으로 가능하다. 단기적 접근의 예로는, 그린 뉴딜과 관련해 정부 일정이 발표되면 관련주들을 정리하고 차트를 보면서 종목을 선정하는 식이다. 중기적 접근의 예로는, 코로나가 종식되면 수혜를 입을 섹터들을 생각해 분할로 매수하는 것이다.

둘째, 대기업의 일정을 확인한다. 대기업의 일정과 새로운 사업 발표를 염두에 두고 대기업과 협력사의 뉴스를 검색한다. 협력사 관련 검색은 대기업의 1차 벤더인지, 2차 벤더인지, 과거에 협업했던 기록이 있는지도 확인하면 도움이 된다.

셋째, 계절에 따라 돌아오는 일정과 이슈들을 정리한다. 봄과 겨울에는 미세먼지와 황사, 여름에는 장마와 폭염, 겨울에는 추위와 폭설 관련주들이 강세를 띤다. 초복, 중복, 말복에는 닭 요리와 관련한 매출이 증가한다. 단순하게 접근해도 종목 발굴이 가능하다.

넷째, 선거 일정을 정리한다. 선거철이 되기 몇 개월 혹은 1년 전부터 관련 정치인들의 인맥주, 정책주가 만들어진다. 정치 관련주는 보통 명절, 연말, 연초에 가장 강세를 띠며 특히 선거철이 다가오면 주가가 요동친다. 정치 테마주는 '귀에 걸면 귀걸이, 코에 걸면 코걸이'로 통하는 주식이다. 기업의 실적과 무관하게 유력한 정치인과 동향이라는 이유로 주가가 상한가를 치는 어처구니없는 일도 벌어진다. 그러나 그 자체로 주가의 재료가 되기 때문에 관심을 두면 수익 창출에 활용할 수 있다. 정치 테마주를 매매할 때는 기업의 재무 상태와 현재 시장에서 재료의 내용 등을 동시에 확인하면 도움이 된다.

다음은 시장에서 가장 일반적인 트렌드라고 알려진 계절 관련 종목들이다. 일반인들은 '겨울'이라고 하면 눈이나 난로, '여름'이라고 하면 아이스크림이나 맥주 등을 떠올리는 정도에서 그칠 것이다. 그러나 투자자 입장이라면 세부적인 접근이 필요하다. (예를 들어) 봄과 가을에는 미세먼지, 여름에는 폭염과 장마, 가을과 겨울에는 AI(조류 독감) 등이 주요 재료가 된다.

계절주의 경우 과거로부터 축적된 데이터가 많이 있으므로 안정적으로 매매를 진행할 수 있다. 단, 계절 관련 종목이라고 해도 차트의 위치는 지속적으로 관찰해야 한다. 저점과 고점을 표시하면서 참고하고 박스권 매매라면 계절에 따라 포인트를 잡을 수도 있다.

월	재료	종목
1월	제설, 블랙 아이스	태경비케이, 백광산업, 유진기업, 광림
	조류 독감	제일바이오, 에이프로젠제약, 이글벳, 대성미생물, 대한뉴팜, 중앙백신, 이지바이오, 진바이오텍, 체리부로, 우성, 한일사료, 동원수산, 신라에스지, CJ씨푸드
	난방	경동나비엔, 신일전자, 위닉스, 파세코, 부스타
	도시가스	대성에너지, 삼천리, 지에스이, 서울가스, 인천도시가스, SK가스
	게임	엔씨소프트, 컴투스, 웹젠, 네오위즈, 위메이드, 엠게임, 한빛소프트, 카카오게임즈, 조이시티
2월	택배, 물류	인터지스, 동방, 한솔로지스틱스, KCTC, 한익스프레스, 유성티엔에스, 태림포장, 신풍제지, 영풍제지, 태웅로직스
	전자 결제	KG이니시스, KG모빌리언스, 한국정보통신, NHN한국사이버결제, 다날, 갤럭시아머니트리
	화장품	한국화장품, 한국화장품제조, 잇츠한불, 클리오, 토니모리, 컬러레이, 본느
	면세품	호텔신라, JTC, 글로벌텍스프리, 신세계
	홈쇼핑	GS리테일, 현대홈쇼핑, CJ ENM
3월	황사, 미세먼지	파세코, 위닉스, 코웨이, 케이엠, 웰크론, 모나리자, 오공, 하츠, KC코트렐
	교육	모나미, 형지엘리트, 아즈텍WB, 형지I&C, 한국팩키지, 우양, 메가엠디, 아이스크림에듀, YBM넷, 메가스터디
	마스크	웰크론, 모나리자, 깨끗한나라, 한송네오텍, 케이엠, 크린앤사이언스
	소독제	MH에탄올, 승일, 한국알콜, 창해에탄올, 파루, 보락
	공기청정기	위닉스, 오텍, 카스, 신일전자, 코웨이, 파세코, 에스피지

돈이 되는 주식을 사라

월	재료	종목
4월	농업(비료)	농우바이오, 아세아텍, 아시아종묘, 조비, 대유, 경농, KG케미칼
	농업(사료)	우성, 현대사료, 팜스토리, 한일사료, 한탑, 이지바이오
5월	여행, 항공	참좋은여행, 인터파크, 레드캡투어, 하나투어, 노랑풍선, 모두투어, 롯데관광개발, 대한항공, 진에어, 제주항공, 티웨이항공, 에어부산, 강원랜드, 파라다이스
	선물	손오공, 오로라, 삼성출판사, 토박스코리아, 캐리소프트, 대원미디어, 형성그룹
6월	태풍, 장마	인선이엔티, 코엔텍, 조비, 경농, TYM, 대동, 와이엔텍
	에어컨	위니아딤채, 파세코, 위닉스, 신일전자, 크린앤사이언스, 에스피지
	아이스크림	빙그레, 롯데푸드, 롯데제과
7월	여름 복날	하림, 마니커에프앤지, 체리부로, 이지홀딩스, 팜스토리, 동우팜투데이블, 푸드나무, CJ씨푸드
	방역	서울바이오시스, 우정바이오, 수젠텍, 파루
	여행, 항공	참좋은여행, 인터파크, 레드캡투어, 하나투어, 노랑풍선, 모두투어, 롯데관광개발, 대한항공, 진에어, 제주항공, 티웨이항공, 에어부산, 강원랜드, 파라다이스
	에어컨	위니아딤채, 파세코, 위닉스, 신일전자, 크린앤사이언스, 에스피지
	면세점	호텔신라, JTC, 글로벌텍스프리, 신세계
8월	태풍, 장마	인선이엔티, 코엔텍, 조비, 경농, TYM, 대동, 와이엔텍
	인공강우	태경케미칼, 자연과환경, 웰크론한텍

월	재료	종목
9월	택배, 물류	인터지스, 동방, 한솔로지스틱스, KCTC, 한익스프레스, 유성티엔에스, 태림포장, 신풍제지, 영풍제지, 태웅로직스
	전자 결제	KG이니시스, KG모빌리언스, 한국정보통신, NHN한국사이버결제, 다날, 갤럭시아머니트리
	여행, 항공	참좋은여행, 인터파크, 레드캡투어, 하나투어, 노랑풍선, 모두투어, 롯데관광개발, 대한항공, 진에어, 제주항공, 티웨이항공, 에어부산, 강원랜드, 파라다이스
	면세점	호텔신라, JTC, 글로벌텍스프리, 신세계
	화장품	한국화장품, 한국화장품제조, 잇츠한불, 클리오, 토니모리, 컬러레이, 본느
10월	조류 독감	제일바이오, 에이프로젠제약, 이글벳, 대성미생물, 중앙백신, 이지바이오, 진바이오텍, 동원수산, 신라에스지, CJ씨푸드, 체리부로, 우성, 한일사료
	수능	메가스터디, 비상교육, 디지털대성, 아이스크림에듀, NE능률, 멀티캠퍼스
	동물 백신	제일바이오, 체시스, 대성미생물, 코미팜, 진바이오텍, 우진비앤지, 중앙백신, 대한뉴팜, 이글벳
	독감 백신	녹십자, 일양약품, 보령제약, 한미약품, SK케미칼, JW중외제약
11월	수능	메가스터디, 비상교육, 디지털대성, 아이스크림에듀, NE능률, 멀티캠퍼스
	난방	경동나비엔, 신일전자, 위닉스, 파세코, 부스타
	의류	영원무역, F&F, 신성통상, 태평양물산, 한세실업

돈이 되는 주식을 사라

월	재료	종목
12월	제설, 블랙아이스	태경비케이, 백광산업, 유진기업, 광림
	선물	손오공, 오로라, 삼성출판사, 토박스코리아, 캐리소프트, 대원미디어, 헝성그룹
	택배, 물류	인터지스, 동방, 한솔로지스틱스, KCTC, 한익스프레스, 유성티엔에스, 태림포장
	전자 결제	KG이니시스, KG모빌리언스, 한국정보통신, NHN한국사이버결제, 다날, 갤럭시아머니트리
	게임	엔씨소프트, 컴투스, 웹젠, 네오위즈, 위메이드, 엠게임, 한빛소프트, 카카오게임즈, 조이시티
	난방	경동나비엔, 신일전자, 위닉스, 파세코, 부스타

4장 투자자가 확인해야 하는 핵심 체크 리스트

┤11├
하락장, 폭락장에
대처하는 방법

하락장과 폭락장은 '일부 테마가 주도적으로 하락하느냐', '전체 종목이 일제히 하락하느냐'로 구분한다. 둘 다 기관이나 외국인 투자자들에 비해 정보력이 부족한 개인 투자자들에게는 어려운 상황이다. 하락장이나 폭락장을 예측하고 대비하는 것은 쉬운 일이 아니지만 다양한 지표를 점검한다면 커다란 위기를 대비하는 일은 불가능하지 않다.

미래를 예측하는 가장 좋은 방법은 과거를 돌아보는 것이다. 지표를 확인하면 어떻게 위기가 찾아오고 극복되었는지 '반복된 패턴'을 확인할 수 있다.

일례로 금융 시장에는 '10년 주기설'이라는 말이 있다. 10년마다 금융 시장에 큰 위기가 와서 주가가 폭락한다는 가설로 우리 증시를 보면 1997년 외환위기 때 주가가 약 70% 하락했고, 2008년 서브 프라임 사태가 발생했을 때는 주가가 약 60% 하락했다. 그리고 2020 년 코로나19가 팬데믹을 부르자 주가가 약 40% 이상 하락했다.

10년 주기설대로 주가가 반응했다고 확신하기는 어렵지만 위기 때마다 공통적으로 나타난 부분도 적지 않다. 대표적으로 폭락했던 주가는 이후 폭락 전보다 상승했다. 외환위기 이후 주가는 600% 이상 상승했으며 서브 프라임 사태 이후 60%, 코로나19 이후 120% 상승했다. 폭락했던 주가가 빠르게 회복한 것도 공통점 중 하나다.

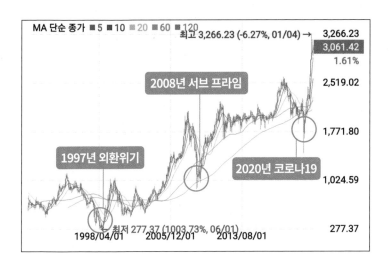

폭락장이 마무리되고 나면 여기저기서 "거기가 저점이었다", "위기가 곧 기회였다"라는 이야기가 나오는 것도 공통점이다. 폭락장을 대비하지 못한 많은 주식 투자자가 엄청난 손실을 떠안고 주식

시장을 떠났으나 폭락장을 기회로 새로운 부를 창출한 투자자도 상당히 많다. 구체적으로 폭락장이 올 것을 예상한 투자자들은 현금을 확보하면서 위험을 회피한 다음, 저가에 주식을 매수해 막대한 수익을 창출했다. 폭락장이 오는 사인을 이해하고 대응하는 법을 익혀두면 위기를 기회로 만들 수 있다는 교훈을 남기기도 했다. 그렇다면 하락장, 폭락장이 오는 것을 사전에 어떻게 감지할 수 있을까? 구체적인 신호들을 살펴보자.

첫째, 금리를 확인한다. 채권 금리는 주가의 대표적인 선행 지수다. 채권 금리가 오르기 시작하는 시점에는 주가가 하락할 가능성이 높기 때문에 주기적으로 확인해야 한다.

둘째, 환율을 확인한다. 원화 가치가 하락하고 달러 가치가 상승하면 외국인 투자자들은 한국 주식을 매도한다. 투자금을 달러로 바꿔 자국의 투자처로 이동하기 위해서다. 결과적으로 환율이 오르면 한국의 주식 투자는 인기가 줄 수밖에 없다. 그러므로 환율이 어느 방향으로 가는지 지속적으로 확인해야 한다.

셋째, 미국 선물 거래에서 제시되는 VIX 지수를 확인한다. VIX 지수는 향후 주가의 변동 가능성을 나타내는 대표적인 지수다. 시카고옵션거래소에 상장된 S&P 500 지수 옵션의 향후 30일간의 변동성에 대한 시장의 기대를 나타낸다.

VIX 지수는 증시 지수와 반대로 움직이는 특징이 있다. 그래서 VIX 지수가 상승하면 주가가 하락한다. 또한, VIX 지수가 최고치에 있다는 것은 투자자들의 심리가 공포에 가깝다는 것을 방증한다.

VIX 지수는 인베스팅닷컴(Investing.com) 사이트 등 여러 채널을 통해 확인할 수 있다. 수시로 확인하는 것이 안전하다.

넷째, 금값을 확인한다. 금은 대표적인 안전 자산이다. 금값이 상승한다는 것은 변동성이 높은 주식 시장의 자금이 금과 같은 안전 자산으로 이동하고 있음을 의미한다. 따라서 주가 지수가 하락하면 금 관련주들이 상승하는 모습을 보인다. 금값의 방향과 주가는 반대로 움직인다는 가정하에 금값을 확인하도록 한다.

다섯째, 신용 잔고를 확인한다. 신용 잔고가 높아지거나 낮아지는 것이 주가에 직접적인 영향을 미치지는 않는다. 다만 신용 잔고가 높다는 것은 큰 악재가 나오면 증시가 한 번에 폭락할 수 있음을 의미한다. 대출로 주식 투자를 하는 이들에게 악재의 영향은 배가되기 때문이다. 리스트 관리 차원에서 확인한다. 신용 잔고는 금융투자협회 종합통계서비스(freesis.kofia.or.kr)의 '주식'을 클릭하면 나오는 '신용 공여 잔고 추이'에서 확인할 수 있다.

이제부터는 하락장, 폭락장에 대응하는 방법을 구체적으로 살펴보자. 하락장, 폭락장에서는 아예 투자를 그만두는 사람도 상당히 많다. 그러나 알고 안 하는 것과 몰라서 못 하는 것 간에는 분명한 차이가 있다. 다음 3가지는 하락장, 폭락장에 대응하는 방법이다. 미리 알아두면 위급한 때에 요긴하다.

첫째, 현금을 보유한다. '현금도 종목이다'라는 말이 있다. 하락장에서는 현금 비중을 늘리고 주식 비중을 줄이면서 주가가 반등하는 시점을 기다린다. 하락장과 폭락장은 새로운 종목을 저가로 매수할 수 있는 절호의 기회다. 이 기회를 기다렸다 낚아채면 된다.

둘째, 인버스 상품에 투자한다. 인버스 상품이란, 기초 자산의 움직임에 정반대를 추종하도록 설계된 금융 투자 상품이다. 지수가 오르면 인버스의 수익률은 떨어지지만 지수가 하락하면 수익률은 올라간다. 최근에는 '인버스2×'라고 지수가 하락할 때 2배로 수익 나는 상품도 인기를 끌고 있다. 하지만 지수가 상승할 때는 2배로 손실이 나기 때문에 신중하게 투자를 결정해야 한다.

셋째, 경기 방어주에 주목한다. 경기 방어주는 생활에 필요한 소비재 종목인 식품주, 음료주, 유통, 통신 등과 관련한 주식을 의미한다. 경기가 아무리 좋지 않아도 실생활에 꼭 필요한 생필품을 끊을 수는 없으므로 하락장에서도 버티는 힘이 상당하다.

하락장과 관련해서 알아둘 것이 또 있다. 시장의 모멘텀이 없는 하락장에서는 기업의 가치와는 관련 없는 품절주, 방산주, 정치 테마주가 움직이는 모습을 볼 수 있다. 이에 대해서도 참고적으로 알고 있어야 하락장에서 제대로 된 대처를 할 수 있다.

왜 하락장에 이런 주식들이 움직이는지에 대한 이유를 설명하기는 쉽지 않다. 하락하는 종목에서 빠져나온 자금이 진입할 또 다른 곳을 찾다가 하락이 덜한 곳을 찾아 들어간 것일 수도 있고, 세력들이 하락장에 이들 종목을 매수했기 때문일 수도 있다. 그동안 모멘텀이 없는 하락장에서 이런 종목이 원인을 불문하고 상승하는 모습을 반복적으로 보여왔다는 것이 중요하다. 시장에는 이에 대해 학습하고 체험한 투자자가 많다. 따라서 이를 잘 활용하면 여느 투자자라도 수익을 올릴 수 있는 것은 분명하다.

직접 투자에 나서지는 못하더라도 주요 종목들을 알아뒀다가 주가의 흐름을 살피면 좋은 공부가 된다. 이에 대한 구체적인 종목들을 소개해 보겠다.

우선 유통 주식 수가 적은 품절주에 주목한다. 품절주는 최대 주주 지분 등이 많아 유통 주식 수가 적은 종목을 말한다. 보통 품절주라고 하면 유통 주식 수가 발행 주식 수의 20~30% 미만이다. 품절주는 유통 주식 수가 많지 않기 때문에 급등락이 심하다. 보통 증시가 강세장일 때는 유동성이 낮아 상승하기가 어렵지만 하락장에서는 상승하는 경우가 많다.

[시장에서 주목을 받는 품절주]
신라섬유, 양지사, 코데즈컴바인, 신라에스지, 키네마스터, 데브시스터즈, 한국파마, 국보, 천일고속, 나노스, 이화산업, 시디즈, 유성티엔에스, 조선내화

대표적인 품절주로는 양지사와 신라섬유가 있다. 양지사는 1976년 9월 1일에 개인사업체로 설립됐다가 1996년 10월 24일에 코스닥에 상장했다. 수첩, 다이어리, 노트 등을 전문적으로 생산하는 동종업계 최대 업체다. 유통 주식 수는 전체 주식의 10.42%로 166만 주다. 신라섬유는 1976년 3월 8일에 설립되어 부동산 임대업, 휴대폰 판매업, 100% 폴리에스터 직물의 제조·가공 및 판매업을 하고

있다. 유통 주식 수는 전체 주식의 38.23%로 928만 주다.

다음은 종합주가지수와 양지사와 신라섬유의 주가다. 지수가 빠질 때 상승하는 모습을 관찰할 수 있다.

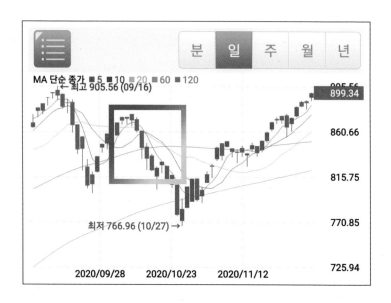

[신라섬유]

[양지사]

다음으로 전쟁 관련주인 방산주를 살펴보자. 방산주는 전쟁 관련 종목으로 무기를 제조하는 기업들을 말한다. 기업의 가치와는 상관 없이 북한의 도발이 있을 때 급등락을 하는 테마주다.

[대표적인 방산주]
빅텍, 스페코, 퍼스텍, 포메탈, 휴니드, 한화에어로스페이스

마지막으로 (앞에서도 말했던) 정책이나 인맥의 정치 테마주를 확인한다. 하락장에서도 정치 테마주는 시장의 흐름과 무관하게 급등락을 한다. 정치인의 정책이나 인맥 등에 의해 등락하므로 관련 정보를 확인한다. 보통 정책으로 인한 수혜나 인맥 관계에 의해 급등락을 하게 되는데 비이성적으로 과열되어 움직인다는 특징이 있다.

12
공모주 청약으로
소소한 수익 내기

공모란, '주식 공개 모집'을 의미한다. 50인 이상의 불특정 다수에

게 돈을 받고 주식을 거래하는 것이다. 공모와 반대되는 개념으로

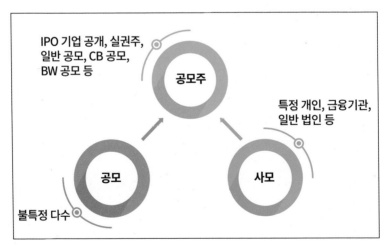

• 출처: 아이피오스탁

돈이 되는 주식을 사라

는 사모가 있는데 다수의 일반인이 아닌 특정의 개인, 금융기관, 일반 법인 등이 주식을 인수하는 것을 말한다.

공모주 청약을 통해 주식을 받으면 공모가 대비 높은 시초가로 손쉽게 수익을 낼 수 있다. 높은 수익을 목표로 삼지 않고 시초가 수준에서 매도해도 수익을 낼 수 있으므로 소소하게 수익을 올리는 재미를 느낄 수 있다.

일반적으로 공모주 일정은 한국거래소의 기업 공시 채널인 KIND(kind.krx.co.kr), 38커뮤니케이션(www.38.co.kr), 아이피오스탁(www.ipostock.co.kr) 등의 사이트에서 확인할 수 있다. 공모주 청약 절차는 다음과 같다.

• 출처: 아이피오스탁

- STEP 01 종목 선택 _ 공모주 청약 일정을 확인한 후, 기업 분석을 통해 종목을 선택한다.
- STEP 02 청약 일정 확인 _ 전자공시시스템인 DART, 아이피오스탁 등에서 일정을 확인할 수 있다. 중요 일정인 청약일, 환불일, 상장일은 반드시 따로 기록해 둔다.
- STEP 03 청약 자격 구비 _ 주관사마다 청약 자격이 다르고 공모주에 따라 변경도 가능하다. 청약 일정이 공시된 후 주

관사에 미리 확인해 청약 자격 서류 등을 구비한다.

- STEP 04 청약 _ 청약 자격 서류 등을 구비한 청약자는 청약일에 주관사를 통해 청약을 진행한다.
- STEP 05 배정/환불 _ 배정은 주관사마다 진행한다. 청약을 통해 이뤄진 경쟁률에 따라 일반 투자자들에게 배정한다. 이후 청약자의 청약 수량과 경쟁률의 비율에 따라 청약 증거금이 환불된다.
- STEP 06 상장/거래 _ 공모주는 청약, 환불 등의 절차를 거쳐 청약의 요건을 모두 갖추면 보통 1주일 후에 상장이 이뤄진다. 개인 투자자는 상장이 된 공모주를 거래할 수 있다.

개인 투자자가 청약을 통해 공모주를 배정받을 수 있게 된 데는 금융위원회의 '일반 청약자 참여 기회 확대방안'이 한몫을 했다. 2020년 11월에 금융위원회는 기업 공개 공모주 관련 일반 청약자 참여 기회 확대방안을 발표했다. 기존의 비례 방식을 따르는 배정 방식을 비례 방식과 균등 방식의 혼합으로 개선한 것이 주요 내용이었다.

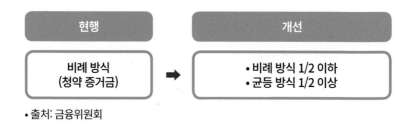

현행	개선
비례 방식 (청약 증거금)	• 비례 방식 1/2 이하 • 균등 방식 1/2 이상

• 출처: 금융위원회

기존의 청약제도는 비례 방식이었는데 청약 증거금에 비례해서 주식을 나눠줬다. 경쟁률이 높을수록 증거금이 적은 투자자는 배정받을 수 있는 확률이 떨어진다. 그런 바람에 청약 증거금 부담 능력이 낮은 투자자들의 참여 기회가 제한된다는 점, 무리하게 대출을 받아 공모하는 투자자에 대한 우려 등으로 인해 비판의 여론이 일었다. 그래서 방식이 비례 방식과 균등 방식의 혼합으로 개선됐다. 균등 방식은 일정한 청약 증거금을 넣으면 배정된 물량의 50% 이내에서 모든 청약자에게 균등하게 공모주를 나눠주는 것이다.

　이 개선된 방식을 예를 들어 설명하겠다. 공모주의 개인 청약 물량을 10만 주로 가정할 때 5만 주는 기존처럼 증거금에 비례해 배분하고 5만 주는 균등 방식으로 배분된다. 최소 기준 이상으로 증거금을 낸 투자자가 1만 명일 때 1인당 5주씩 배정받을 수 있다. 증거금도 공모가를 16,000원으로 상정하고 증거금률 50%, 최소 청약주수를 10주라고 가정할 때 80,000원을 내면 5주를 받을 수 있다는 계산이 나온다. 일반 투자자들도 적은 금액으로 공모주를 받는 기회가 열린 것이다.

　공모주 청약 방법 개선 내용 중에 중복 청약 금지가 있다. 복수 주관사(인수 기관)가 존재하는 기업 공개 시 여러 증권사를 통해 중복으로 청약하는 행위를 제한하는 것이다. 일반 청약자 간 형평성 제고를 위해 복수 주관사의 기업 공개에는 모두 동일한 균등 방식을 적용한다.

　공모주 청약 일정을 위에서 소개한 한국거래소의 기업 공시 채널인 KIND, 38커뮤니케이션, 아이피오스탁 등의 사이트에서 기업의 업종과 매출, 청약 경쟁률을 꼼꼼하게 확인해 투자한다면 청약을 받는 수량은 적지만 쏠쏠한 수익을 줄 것이다. 이제 공모주 청약을 할 때 고려해야 할 사항을 알아보자.

첫째, 주관사를 확인해야 한다. 공모주 청약은 주관사가 제각각이다. 자칫 거래가 없는 증권사에서 청약이 진행될 경우 청약할 수 없게 된다. 되도록 여러 증권사에 계좌를 만들고 주관사에 맞게 청약을 신청한다.

둘째, 기관 경쟁률을 확인한다. 기관 경쟁률이 높을수록 시장의 주목도가 높다고 할 수 있다. 보통 1,000대 1 이상의 경쟁률을 보이는 종목에 주목한다.

셋째, 시가총액을 확인한다. 시가총액은 확정가에 발행 주식 수를 곱해서 계산한다. 시가총액이 적을수록(보통 2,000억 원 이하) 공모가 대비 2배로 시초가가 형성된 뒤 상한가로 갈 가능성이 높다. 이를 시장의 은어로 '따상'이라고 한다. 하루에 공모가 대비 160%가 오른 것이다. 다만 이러한 수치는 가능성일 뿐이다. 예단하지 말고 시장 상황에 맞게 대응하면 된다.

넷째, 균등 방식으로 10주를 청약한다. 경쟁률에 따라 달라지겠지만 보통 1~3주 정도 배정받을 수 있다. 따상이 된다면 다음 날까지 보유해도 되지만 하락 추세가 나타난다면 적당한 선에서 수익 실현을 하는 것이 좋다.

만일 하락 추세로 갈 것 같아서 수익 실현을 했는데 주가가 오른다고 해도 아쉬워할 필요는 없다. 일정 수익을 얻은 다음, 깔끔하게 정리하고 또 다른 공모주 청약을 준비하는 것도 좋은 방법이다. 공모주 청약은 매달 나오기 때문에 청약하면서 공모주 청약과 매매 패턴을 익히는 것도 방법이다.

5장

실전에서 반드시
수익 내는
매매 기법

시장의 상황에 따라 대응 방법은 한두 가지가 아니다. 정답이 있지는 않지만 다양한 대응 방법을 미리 알아두고, 실전에 활용해 보면서 투자의 감각을 익히는 과정이 필요하다.

이번 장에서는 다양한 매매 기법(이동평균선 매매, 급등주 매매, 스윙 매매, 패턴 매매)을 소개하겠다. 초보 투자자라도 이론으로 익힌 내용을 충분히 연습한 후 실전에서 자신의 투자 성향에 맞는 방향으로 변용해 발전시킨다면 당연한 결과물로서 안정적인 수익을 기대할 수 있을 것이다.

1
매우 활용도가 높은
이동평균선 매매

투자자들이 이용하는 기술적 분석 지표 가운데 가장 이해하기 쉽고 신뢰할 수 있는 것 중 하나가 이동평균선이다. 이동평균선은 기간별 평균값을 구해 선으로 이은 그래프를 말한다. 추세가 있는 주가의 흐름을 객관적으로 볼 수 있게 해준다.

후행성 지표이기는 하지만 주가의 방향성과 변곡점을 이해하고 예측해볼 수 있다는 점에서 매우 활용도가 높다. 이번에 기간별 이동평균선을 이용한 매매 기법을 소개하겠다.

01
단타 매매는
15분봉을 이용하라

　초단타 매매를 할 때 투자자들이 자주 보는 이동평균선의 캔들은 1분봉, 3분봉, 5분봉 등이다. 1분봉, 3분봉, 5분봉에서는 돈의 흐름을 보기가 쉽지 않다. 그 대신 2~3분 단위로 짧게 매수와 매도를 하는 스캘핑이라면 이 정도 짧은 봉도 의미가 있다. 그러나 보유 기간을 상대적으로 길게 보는 단타 매매라면 15분봉이 좀 더 요긴한 지표가 된다.

　기본적으로는 15분봉에서 거래량이 동반된 장대양봉이 출현하면 상승장을 예상하고 매수에 나선다. 여기에 더해 15분봉에서 이동평균선이 정배열됐을 때가 가장 이상적이다.

　단타 매매에서는 '이격 매매'라는 원리를 활용하는 것이 중요한 포인트다. '이격'이란, 간격이 벌어지는 것을 말한다. 15분봉으로 살필 때 60분 이동평균선(60분선)과의 이격을 확인한다. 60분선에 가까워지면 매수하고 멀어지면 매도하는 식이다. 거래량이 들어오면서 15분봉이 60분선을 타고 올라갈 때 매수에 들어가고, 60분선과 이격이 커졌을 때 매도로 접근한다.

안전성을 더 높이고 싶다면 15분봉이 60분선을 올라탄 이후에 쌍바닥 패턴이 나타나는지를 확인하면 좋다. 보통 15분봉이 60분선을 올라탄 이후에는 거래량이 줄면서 하락하는데 이때 쌍바닥 패턴이 나타나면 적정 매수 시기라 할 수 있다. 앞에서 설명했듯이 쌍바닥의 W자 패턴은 뒤의 저점이 이전 저점보다 높아야 하고 이전 저점을 지지해줘야 한다. 뒤의 저점이 이전 저점보다 낮아진다면 매수로 접근해서는 안 된다.

단타 매매에서의 매도 타이밍은 거래량이 터질 때 분할 매도로 접근하는 것이다. 거래량이 많이 들어올 때 절반 이상을 매도하고 추세를 보면서 상승세가 이어지면 이후에 매도를 진행해도 된다. 거래량이 터질 때 절반 이상을 매도하면 이미 일정 수준의 수익을 냈으므로 이후 대응을 좀 더 느긋하게 할 수 있다.

추세를 지켜보며 대응하는 것이 어렵다면 처음부터 목표가와 손절가를 정해두고 예약 매도를 진행해도 좋다. 목표한 주가에 도달하거나 손절가에 도달하면 가차 없이 매매를 진행한다. 초보 투자자 시절에는 조금의 수익을 내고 다음 기회를 노리는 것도 좋은 방법이다. 만일 조정 기간이 길어지고 60분선을 돌파하지 못할 때는 즉시 매도로 정리한다.

실제 사례로 살펴보자. 다음 차트에서 동그라미 부분을 보면, 15
분봉에서 본 주가가 W자 패턴으로 상승하는 것을 볼 수 있다. 60분
선(초록색 선)을 올라타는 캔들이 나오고 주가가 하락하면서 일정
가격을 지지하는 모습이다. W자 패턴의 바닥을 보면 이전 저점보다
뒤의 저점이 높아졌다. 지지 여부를 보면서 분할로 접근한다면 높
은 확률로 수익을 낼 수 있는 상황이다.

이제 투자 실전에서 15분봉을 이용한 단타 매매의 방법을 순서대
로 정리해 보겠다.

첫째, 종목을 선정한다. 단타 매매는 거래량이 많고 상승세가 강한 종목을 통해서 수익을 극대화하는 매매 기법이다. 단타 매매 종목은 갑자기 거래량이 몰리면서 첫 상한가를 기록하거나 신고가를 기록할 수 있어야 한다. 그래서 15분봉을 보면서 빠르게 거래량이 몰리고 가격이 상승하는 종목을 골라야 한다. 보통 박스권을 횡보하던 주가가 갑자기 거래량이 몰리면서 박스권을 돌파할 때 상한가를 기록하거나 신고가를 기록할 가능성이 높다. 박스권에 갇혀 있던 종목에 갑자기 거래량이 몰릴 때를 주의 깊게 봐야 한다.

둘째, 장대양봉을 확인하고 매수 타점을 잡는다. 거래대금 상위 종목을 주목했다면 대량 거래의 장대양봉이 출연하는지를 확인한다. 15분봉을 통해서 8~15% 이상의 장대양봉이 나온 곳을 확인한 다음, 장대양봉의 시가와 중심값을 잡고 중심값을 지지해주는지를 지켜본다. 예를 들어 15분 장대양봉의 시가가 1,000원이고 종가가 1,100원이라면 중심값은 1,050원이 된다. 이후에도 15분봉 주가가 1,050원을 지지하는지를 확인해야 한다. 3분봉과 5분봉을 통해 저점을 지지해주는지 확인하는 것도 도움이 된다. 저점이 지지가 되는 상황이라면 매수로 접근한다.

셋째, 손절라인은 잡고 들어간다. 주가는 상승할 수도 있지만 하락할 수도 있다. 중심값을 기준으로 W자 패턴으로 상승하면 좋지만 재료가 소멸해 하락할 수도 있다. 이때를 대비해 손절라인을 잡아야 한다. 주가에서 −3~−5% 정도, 또는 지지선을 확인하고 해당 지지선이 깨지는 때를 손절라인으로 잡아도 된다. 어느 선이든 큰 손실을 막을 수 있는 수준에서 손절라인을 지정하면 큰 무리는 없을 것이다.

　지금까지 15분봉을 활용한 단타 매매를 알아봤다. 만일 종목의 재료가 살아 있고 시장 주도주라는 판단이 든다면 투자 기간을 늘려 단기 스윙으로 가져가도 좋은 매매 기법이라고 할 수 있다. 그러나 시장이 단기적으로 하락하거나 재료가 소멸하는 상황이라면 시장을 관망하면서 회복될 때까지 기다리는 것이 좋다.

┤02├
5일선을 이용해
단기 스윙으로 수익 내기

주식 투자에서 자주 사용되는 '스윙 매매'라는 용어부터 알아보자. 시장에서 투자자들을 만나보면 '스윙 매매'라고 부르는 매매 기법에 대해 '2~3일 단타 매매다', '일주일 이내 매매다', '아니다, 한 달 이내 매매다' 등 제각각 정의한다는 것을 쉽게 확인할 수 있다.

도대체 스윙 매매란 무엇인가? 원론을 뒤져보면 앞서 이야기한 것들이 모두 틀린 해석은 아니라는 결론을 얻게 된다. 스윙 매매에서 기간이란 사실 투자자의 마음인 것이다.

사전적 의미의 스윙 매매란, '단기적 저점 매수, 고점 매도를 목표로 한 매매 방식'을 의미한다. 기간으로 놓고 보자면 단타보다는 길고 중장기 투자보다는 짧다. 단, 속도 면에서는 '단기적 저점 매수, 고점 매도'를 목표로 하기 때문에 스피디(Speedy)한 방식인 것은 분명하다.

그렇다면 스윙 매매에서 가장 중요한 지표는 무엇일까? 가장 흔히 사용되는 지표가 5일 이동평균선(5일선)이라는 데 이견을 다는 투자자는 없을 것이다.

5일선은 일주일의 주가 흐름을 보여주는 것으로 단기 스윙 매매에 가장 많이 활용되어 안정적인 매매를 가능하게 해준다. 간단히 설명하면, 5일선을 올라타는 캔들이 나오면 매수로 접근하고 5일선을 깨면 익절과 손절로 접근한다. 주가가 5일선을 깨지 않으면 홀딩하면서 주가 상승을 수익 극대화로 연결할 수 있다. 5일선을 기준으로 매수와 매도를 하는 만큼 비교적 간단한 매매 기법이다. 명확하게 손절라인이 정해져 있다는 것이 5일선 투자 기법의 장점이다.

다음으로 단기 스윙 매매에 적합한 종목을 발굴하는 방법을 알아보자.

우선 코스피나 코스닥에서 시가총액이 높거나 안정적인 종목을 선정한다. 시가총액이 높은 종목은 주가가 급등락할 가능성이 적어 비교적 안정적인 매매를 할 수 있다. 앞에서 소개한 대로 5일선 위로 캔들이 올라오고 지지를 해주면 매수, 5일선 아래로 캔들이 내려가면 매도하는 매매 기법을 따른다.

단기 스윙 매매의 손절라인은 되도록 짧게 갖고 가는 것이 좋다. 손실 범위를 짧게 둬서 손절할 때 손실도 최소화하기 위해서다.

수익을 극대화하기 위해서는 5일선 상승 추세의 변곡점에서 매수하는 것이 포인트다. 그래서 상승 추세를 타는 것이 중요하다. 만일 하락 추세로 전환된다면 가차 없이 손절로 대응한다.

좀 더 세밀하게 주가 변화를 확인하고 싶다면 30분봉을 활용해도 좋다. 30분봉이 60분 이동평균선(60분선)을 지지하거나 돌파할 때를 타점으로 잡는다. 30분봉에서 60분선은 5일간 30분봉의 종가 평균값을 낸 선이므로 결국 5일선과 같다. 30분봉에서는 저항과 지지, 돌파 여부를 좀 더 세밀하게 관찰할 수 있다.

코스피와 코스닥 상위 종목에서의 단기 스윙 매매는 비교적 안정적인 투자 기법이라 하겠다.

다음으로 상한가나 15% 이상 장대양봉이 나온 종목을 투자 대상으로 선정한다. 이미 장대양봉이 나온 종목이라면 주가가 어느 정도 상승한 상황이다. 그러나 추가로 상승할 여력이 충분히 있다고 판단된다면 매수해야 한다. 설령 주가가 하락하는 모양새가 나오더라도 손절로 대응할 기회가 상대적으로 길게 주어지므로 스윙 매매에 적합하다. 또한, 대량의 거래량이 나오고 시장의 트렌드와 잘 맞으며 이동평균선이 정배열 초기 상태라면 단기 스윙 투자 종목으로서의 3박자를 모두 갖췄다고 할 수 있다.

상한가나 장대양봉이 나온 급등주는 보통 3일선이나 5일선을 지지받으며 상승한다. 박스권을 만들며 횡보하던 주가가 거래량이 붙으면서 박스권을 돌파하며 상한가에 가거나 장대양봉이 나온다면 반드시 주목해야 한다.

급등주의 경우 이미 오른 주가에 들어가는 것이 부담스러울 수 있다. 이때는 가파른 상승 후에 나타나는 약간의 조정기(눌림목)에 매수로 접근한다. 구체적으로는 3일선 눌림에서 상승하고 5일선 밑으로 내려온 종목을 매수하면 좋다. 그러나 강한 급등주라면 5일선까지 가지 않고 3일선의 지지를 받고 올라가기도 한다. 5일선을 염두에 두고 기다리는 경우 매수할 기회를 놓칠 수 있다. 이때는 시장 주도주로서 재료가 충분하고 정배열의 차트가 만들어졌다는 가정하에 매수의 관점으로 접근해도 좋다. 단, 급등주는 급락의 변동성도 크기 때문에 종목의 상태를 한 번 더 점검할 필요는 있다.

5일선을 이용한 단기 스윙의 실제 사례를 한번 보자. 다음 차트는 바닥권에서 장대양봉이 나오면서 정배열의 초기 모습을 보인다. 보

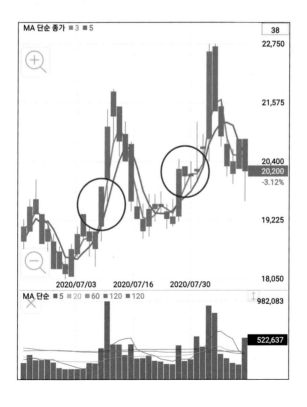

통 주가가 5일선을 지지해주면서 거래량은 줄어드는 눌림목이 나온다면 향후 추가 상승할 확률이 높아진다. 여기서도 역시 5일선을 지지해주면서 추가 상승하는 모습을 보였다.

만일 이 차트와 달리 캔들이 5일선을 이탈한다면 어떻게 대응해야 할까? 기본적으로는 매도의 관점으로 접근하되 여러 상황을 점검해 추가 매수에 나설 수도 있다. 구체적으로 캔들이 5일선을 이탈하면서 크기가 작은 아래꼬리 음봉이 나오고 거래량은 장대양봉이 나온 때보다 현격히 감소한다면 관망하거나 추가 매수의 관점으로 접근해도 좋다. 반대로 거래량을 동반한 장대양봉이 나오고 다음 날 역시 비슷한 거래량으로 장대음봉이나 음봉이 나온다면 시세 차익 물량이 나왔다고 볼 수 있다. 이때는 확률상 매도에 무게를 두고 접근해야 한다.

장중 혹은 장이 끝나고 5일선을 이용한 단기 스윙 매매 종목을 찾고자 한다면 검색식을 이용하는 것이 편리하다. 종목을 검색하고 5일선을 지지해주는지 지속적으로 추적 관리하면서 차트를 보는 눈을 기르는 것이 좋다. 관련한 조건 검색 내용은 다음과 같다(키움 증권의 HTS 기준).

√	지표	내용	값	삭제	▲	▼	↑	↓
☑	A	시가총액 :현재가기준 40십억원 이상	☐	X	▲	▼	↑	↓
☑	B	주가비교:[일]0봉전 시가 < 0봉전 종가	☐	X	▲	▼	↑	↓
☑	C	주가이평비교:[일]0봉전 (종가 1)이평 > (종가 20)이평 1회이상	☐	X	▲	▼	↑	↓
☑	D	주가이평추세:[일]0봉전 (종가 20)이평 상승+보합추세유지 1회 이	☐	X	▲	▼	↑	↓
☑	E	기간내 등락률:[일]1봉전 15봉이내에서 전일종가대비종가 15% 이상	☐	X	▲	▼	↑	↓
☑	F	주가이평비교:[일]0봉전 (종가 1)이평 > (종가 5)이평 1회이상	☐	X	▲	▼	↑	↓
☑	G	상세이평돌파:[일]1봉전 단순(종가 1)이평이 단순(종가 5)이평을	☐	X	▲	▼	↑	↓
☑	I	주가등락률:[일]1봉전(중) 종가대비 0봉전 종가등락률 2%이상 5%이	☐	X	▲	▼	↑	↓

조건식 | A and B and C and D and E and F and G and I | ▼ ! ( )(⊗) X ?

┤03├
저항과 지지를 확인하는
10일선 매매

10일 이동평균선(10일선)은 2주간의 주가 흐름을 나타낸다. 기간이 한 달의 절반에 해당하는 만큼 투자자들에게 확실한 저항선과 지지선으로 작용한다. 주가가 하락세일 경우에는 강력한 저항선의 역할을, 주가가 상승세일 경우에는 강력한 지지선의 역할을 한다.

'10일선 매매'는 10일선을 기준으로 가격 조정이나 기간 조정에 있는 종목을 매수하고 이후 추가 상승기에 매도해 수익을 내는 투자법이다. 매수 시기는 상승세에 있는 종목이 10일선의 지지를 받을 때로 차트의 이동평균선을 보면 쉽게 매수 타점을 잡을 수 있다.

10일선 매매 대상은 상한가 혹은 15% 이상 장대양봉이 나온 종목이다. 보통 시장의 주도주, 테마주에서 종목을 고르게 된다. 종목의 이동평균선이 정배열일수록 높은 수익을 낼 확률도 높아진다.

여기서 체크 포인트는 종목의 거래량이다. 20일선을 기준으로 이전 거래량보다 많은 거래량이 들어와야 한다. 이러한 종목을 발굴했다면 일단은 관망의 자세로 지켜본다. 상승을 멈추고 눌림목을 만들 때가 적절한 매수 타점이기 때문이다. 10일선에서 거래량은 급감해도 주가는 지지를 받는 지점을 확인해야 한다. 5일선 눌림목에서 밀려 10일선까지 내려와 반등할 때가 가장 좋은 매수 타이밍이 된다. 도지 캔들이 나오고 지지선이 쌍바닥을 이룬다면 매수 타점으로서 신뢰도는 더 높아진다. 단, 주가가 10일선을 타고 올라오는 양봉의 저가를 훼손하면 손절라인으로 잡고 매도로 대응해야 한다.

이와 관련해 실제 사례를 살펴보자. 다음 페이지의 차트는 상승하던 주가가 가격 조정을 보이면서 하락하다가 10일선에서 지지를 받는 모습을 보여주고 있다.

동그라미 부분을 보면 10일선에 걸쳐져 지지를 받은 후 주가가 상승해 양봉이 나타났다. 주가는 지속적으로 10일선의 지지를 받았고 도지 캔들도 이틀 연속 나왔다. 그리고 다음 날 장대양봉이 나오면서 주가는 다시 상승하는 모습을 보였다.

도지 캔들이 나오고 거래량이 들어온 시점에서 매수했다면 이후 상승장에서 안정적인 수익을 거둘 수 있었을 것이다. 주가는 계속 10일선을 지지하면서 우상향했다.

10일선의 경우 5일선과 마찬가지로 시장의 주도주로서 확실한 재료가 있다면 상승 탄력도 높다고 볼 수 있다. 이동평균선도 정배열일수록 용이하다.

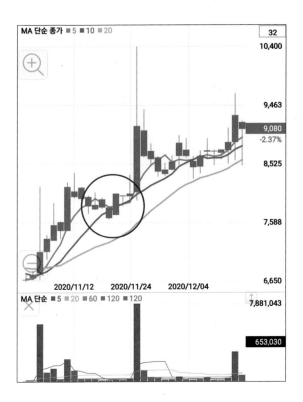

물론 아무리 좋은 매매 기법도 100% 시장에서 수익을 내는 것은 불가능하므로 시장의 상황도 예의주시해야 한다. 기초적으로는 코스피나 코스닥 지수를 통해 시장이 상승세인지, 하향세인지를 가늠해야 한다. 이후 자신만의 기준대로 투자에 임하면 잃지 않는 매매를 지속할 수 있다.

┃04┃
20일선을 활용한
우량주 투자

20일 이동평균선(20일선)은 한 달간(20일 거래일)의 평균 종가를 이은 이동평균선을 말한다. 종목의 현재 상황을 객관적으로 보여주는 상황판이라 할 수 있으며 투자자들에게 주는 신뢰도가 높다. 그래서 투자자들 사이에서 20일선은 '생명선' 혹은 '황금선'이라고 불린다. 이러한 수식어가 붙은 이유는 많은 투자자가 20일선을 마지막 지지선이라고 믿기 때문이다.

주가가 하락하는 중이라면 투자자들은 '최소한 20일선은 지켜줄 것'이라고 생각한다. 그러다 20일선마저 깨지는 상황이 벌어지면 투자자들은 심한 압박감을 느끼고 갖고 있던 주식을 던지는 투매에 나서기도 한다. 투자자들이 20일선을 마지막 보루라고 생각한다는 방증이라 하겠다.

일반적으로 '20일선 매매'는 주로 변동성이 높지 않은 우량주를 대상으로 한다. 20일선을 기준으로 이를 올라타는 캔들이 나오면 매수의 관점으로 접근하고, 20일선을 이탈하면 매도의 관점으로 대응하는 투자법이다. 시시각각 변화하는 시장을 지켜보는 수고를 덜 수 있다는 점과 비교적 투자 기간이 길다는 점 모두 주가 변화에 발빠르게 대응하지 못하는 투자자들에게는 장점이 된다. 장시간 동안 많은 노고를 들이지 않고 안정적 수익을 가져가고자 한다면 추천할 수 있는 매매 기법이다.

20일선 매매에서도 수익을 높이기 위해서는 사전 지식이 필요하다. 20일선 인근에 나타나는 캔들의 모양을 확인하고 적절한 방법으로 대응해야 수익의 극대화를 이룰 수 있다. 이와 관련해 4가지 캔들이 나타났을 때의 구체적인 대응 방법을 알아보도록 하자.

20일선 돌파 전, 아래꼬리가 긴 망치형 캔들이 됐을 때

오랫동안 하락세였던 종목의 차트에서 아래꼬리가 긴 망치형 캔들이 나타났다면 하락세가 멈추거나 추세가 반전될 것으로 예측해볼 수 있다. 특히 20일선을 뚫지 못하고 하락하는 추세에서 아래꼬리가 긴 망치형 캔들이 나타났다면 눈여겨봐야 한다. 아래꼬리가 길다는 것은 매수세가 강하게 들어오고 있음을 의미한다. 따라서 아래꼬리가 긴 망치형 캔들의 출현은 가격을 관리하는 세력이 있다는 의미일 수도 있다.

하락 추세에서 아래꼬리가 긴 망치형 캔들이 나온다면 20일선을

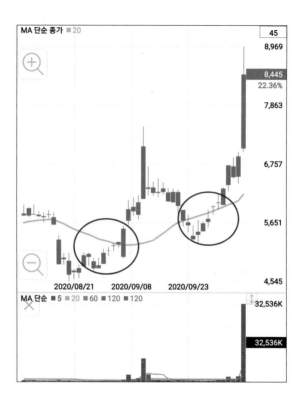

돌파하는지를 지켜보다가 거래량이 커질 때 매수로 접근한다.

20일선을 돌파하는 역망치 캔들이 나왔을 때

20일선이 우상향하면서 이동평균선들이 밀집된 구간에서 역망치형 캔들이 나타난다면 매수로 접근해야 한다. 역망치형 캔들은 보통 매수 신호로 읽히는데 위꼬리가 짧을수록 신뢰도가 높다. 20일선의 하단에 붙어있으면서 지지를 받는 것일수록 매수 타이밍을 알리는 신호로 해석할 수 있다. 이때 20일선은 5일선과 함께 흐름을 봐야 하는데 정배열로 움직이면서 우상향하는 것이 가장 좋다.

만일 두 번째로 역망치형 캔들이 나온다면 저점이 전날 나온 단봉의 절반 부분을 이탈하지 않아야 한다. 20일선을 기준으로 보면 중심을 지지하거나 돌파하는 것이 이상적인데 특히 역망치의 중간이 20일선을 관통하는 모습이 가장 좋다. 역망치의 아랫부분이 20일선에 붙어있으면 최적의 매수 타이밍이라 할 수 있다.

장기적으로 20일선은 쌍바닥을 만들면서 저점이 우상향하는 모습이 나타나는 것이 가장 좋다. 거래량 면에서는 양봉 캔들 출현 이후 줄어드는 모양새에서 매수 타이밍을 잡는 것이 안정적이다. 한편, 역망치형 음봉은 신뢰도는 높지 않으나 고점에서 나오면 매도 신호로 해석해야 한다.

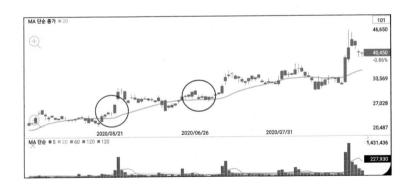

20일선에서 꼬리 없는 캔들이 나왔을 때

20일선 위에서 꼬리가 없는 단봉의 양봉이 나오면 종가 기준으로 매수로 접근한다. 이때 매수를 못 했다면 2차 매수 타점을 잡아야 하는데 주가가 재차 상승하면서 20일선이 우상향해 이격이 줄어드

는 지점을 노려봐도 된다. 이동평균선 간의 이격이 줄면 기간 조정
을 통해 매물이 소화되면서 이동평균선이 밀집한다.

다음 차트에서 왼쪽에 있는 동그라미 부분을 보자. 캔들이 20일
선을 올라타면서 꼬리가 없이 나타났다. 주가는 캔들의 중간값을
훼손하지 않으면서 우상향으로 진행됐다.

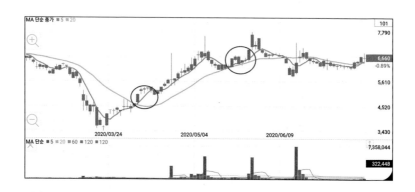

이제 오른쪽 동그라미 부분을 보자. 기간 조정 후 20일선과 다른
이동평균선이 밀집해 있다. 이후 주가는 중간값을 지지하면서 상승
했다. 이후 주가는 상승으로 향하다 전 고점을 저항선으로 맞아 하
락했다. 이처럼 주가가 저항을 맞아 하락한다면 일단 매도 관점으
로 접근해야 한다. 20일선 매매 역시 지지 여부를 보고 다시 매수
타점을 잡도록 한다.

장대양봉 캔들의 몸통이 20일선을 관통할 때

개인 투자자들은 주가가 20일선을 뚫고 내려가면 장기 하락의 전

조로 여기고 갖고 있던 주식을 던지는 투매를 하는 경우가 많다. 그러나 거래량이 많지 않은 가운데 20일선이 깨지는 것은 돈을 가진 주체의 속임수일 가능성도 있다. 이를 활용해 거래량이 많지 않은데 캔들이 20일선 아래로 내려갔다면 캔들이 다시 20일선을 관통해 상승할 때를 노려 매수에 나서볼 만하다.

다음 차트에 나온 가장 왼쪽에 있는 첫 번째 동그라미 부분을 보자. 캔들이 20일선을 뚫고 내려오면서 주가가 하락한 구간이다. 당시 주가가 20일선 이하로 내려온 것을 본 개인 투자자들이 물량을 매도했을 것이다. 그러나 이후 주가는 바닥을 다지면서 횡보하는 모양새를 보였다.

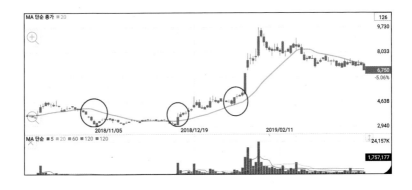

그다음 두 번째 동그라미 부분에서는 장대양봉이 출현했다. 20일선이 장대양봉의 중간을 관통했다. 이 부분은 해당 종목의 주요 매수 포인트라고 할 수 있다. 20일선을 관통하는 장대양봉의 출현과 거래량이 터진 것이 좋은 사인이다. 갑자기 거래량이 증가한 이유로는 세력이 물량을 매집하고 있기 때문이라고 해석할 수 있다.

두 번째 동그라미 부분 이후 이동평균선은 정배열로 조정되고 캔들과 20일선 간의 이격이 나타나기 시작했다. 이후로 점차 벌어졌던 이동평균선들은 기간 조정을 통해 다시 만나게 되는데 바로 세 번째 동그라미 부분이다. 전 고점 부근으로 이전의 매도 물량을 다 받은 후 주가가 전 고점을 돌파하고 있음을 알 수 있다. 이후 주가는 거래량이 점차 많아지면서 상승하는 모습을 보여줬다.

ǀ 05 ǀ
추세 전환을 이용해 수익을 내는 120일선 투자

보통 120일 이동평균선(120일선)과 240일 이동평균선(240일선)은 추세 전환을 나타내는 중장기 이동평균선으로 평가한다.

120일선은 6개월간의 종가 기준 평균값을 이은 이동평균선으로 '경기선'이라고도 부른다. 주가는 경기를 선행한다고 알려져 있는데 그 기간을 6개월 정도로 보는 것이 일반적이다. 따라서 120일선의 추세에 따라 실물 경기를 해석하고 예측할 수도 있다. 일례로 주가가 120일선을 돌파한다는 것은 본격적인 상승 신호로 해석된다. 특히 바닥권에서 오랫동안 기간 조정과 가격 조정을 거친 후 상승 추세로 전환되는 경우는 좋은 분기점이라고 볼 수 있다. 주가가 막대한 거래량을 동반하며 120일선을 처음 돌파할 때는 좋은 매수 타점이 된다. 장기 투자자에게 투자를 권하는 시점이라고 할 수 있다.

120일선 매매라고 해도 승률을 높이기 위해서는 좋은 종목을 고르고 좋은 타이밍에 들어가야 한다. 120일선 매매를 위한 종목 선택 방법과 매매 타이밍에 대해 알아보자.

첫째, 이동평균선이 정배열 초기 상태의 종목을 선택한다. 이동평균선이 정배열됐다는 것은 주가가 우상향을 시작했음을 의미한다. 추세가 꺾이지 않는 한 상승장에서 안정적 수익을 낼 수 있다.

둘째, 재료가 있는 시장의 주도주를 선택해야 한다. 아무리 좋은 종목도 시장의 주목을 받지 못하면 주가가 상승하기 어렵다. 거래량이 몰리는 시장의 주도주를 중심으로 종목을 골라야 한다.

셋째, 거래량이 터지면서 120일선을 관통하는 캔들을 주목해야 한다. 거래량이 터지면서 120일선을 관통하는 캔들이 나오고 5일선이 120일선과 크로스될 때는 강력한 매수 타점이다. 만약 안전한 투자를 원한다면 이후를 좀 더 관망하는 것도 나쁘지 않다. 본격적인 상승의 초입에 투자하고 싶다면 가격 조정과 기간 조정을 마친 이후를 매수 타점으로 고려한다. 5일선이 쌍바닥을 이루면서 다시 120일선과 크로스될 때가 해당 지점이라 할 수 있다. 120일선 근처에서 아래꼬리를 단 캔들이 나타난다면 신뢰도는 더 높아진다.

넷째, 120일선과 5일선의 이격도를 확인한다. 흔히 주가가 상승하면 5일선과 120일선의 이격은 멀어지게 된다. 120일선과 5일선의 이격이 좁아질 때는 매수 관점으로 보고, 5일선이 우상향하면서 120일선과 크로스될 때는 매도 관점으로 접근한다. 단, 이격이 커지면서도 5일선의 추세가 꺾이지 않으면 유지하면서 변화에 맞게 대응한다.

다음은 120일선을 이용한 투자 사례다. 차트를 보면 120일선 첫 돌파 시도 후 위꼬리가 긴 캔들이 나왔다. 120일선의 지지를 받지 못하고 주가는 아래로 내려왔다. 이후에도 주가는 상승세를 이어가다가 120일선의 저항을 받으며 다시 내려왔다.

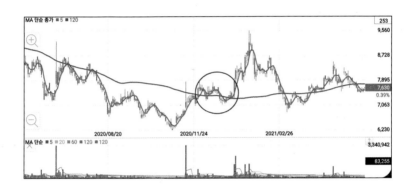

그런데 동그라미 부분에서 상황이 달라졌다. 120일선을 돌파하고 난 후 기간 조정을 거치면서 매도 물량이 소화됐다. 물론 기간 조정이 상당히 길었지만 이후로는 120일선의 지지를 받는 모양새다. 120일선 아래로 내려왔다가도 막대한 거래량이 몰리면서 다시 주가를 끌어올렸고 이후 가파른 상승세를 보여줬다. 이전에는 강력한 저항선이었던 120일선이 단단한 지지선으로 바뀐 것을 확인할 수 있다.

120일선을 기준으로 한 추세 전환은 하루아침에 나타나지 않는다. 시작은 바닥권에서 장기간 횡보하던 주가가 120일선에 근접하고 대량의 거래량으로 첫 돌파를 이루면서부터다. 이후 거래량이 줄면서 물량을 소화하고 주가가 크게 밀리지 않으면 본격적으로 상승 전환이 이뤄진다.

여기서 만일 120일선을 돌파하기 이전에 대량의 거래량이 있었다면 해당 캔들은 세력의 매집봉일 가능성이 높다. 대량 거래량이 발생한 후 거래량이 터진 시점보다 주가가 밀리지 않는다면 신뢰도는 더욱 높아진다.

06

1년을 기다렸다!
240일선 활용 매매법

240일 이동평균선(240일선)은 12개월간의 종가 기준 평균값을 이은 이동평균선이자 1년 동안 주식을 갖고 있는 사람들의 평균 가격이다. 주식 투자 기준으로 1년간 주식을 갖고 있었다면 상당히 긴 시간 동안 주식을 보유하고 있다고 할 수 있다. 처음부터 장기 투자가 목적인 투자자가 대부분이겠지만 매도를 하지 못하고 어쩔 수 없이 갖고 있는 투자자도 많을 것이다. 후자의 경우 240일선에 매우 큰 관심을 둔다.

1년 동안 주가가 큰 상승을 이루지 못했다면 해당 주식을 보유한 투자자의 피로도는 상당하다. 본전 생각도 날 것이고 '이 돈으로 차라리 다른 주식을 샀다면 상당한 수익을 냈을 텐데…' 하는 후회도 하고 있을 것이다. 매도하고 싶은 욕구도, 본전만 되면 팔겠다는 각

오도 상당하다. 따라서 주가가 240일선에 닿으면 격동의 변화가 쉽게 나타나기도 한다.

주가와 240일선의 역학 관계를 알아보자. 앞에서 설명한 이동평균선 대비 240일선의 저항과 지지의 강도는 매우 높다. 그만큼 뚫기가 어렵고 그만큼 뚫은 후의 주가가 갖는 역동성은 크다고 할 수 있다. 단, 그 힘을 잘 활용할 수 있다면 매매를 통해 수익을 내는 일도 어렵지 않다.

일례로 주가가 240일선을 돌파했다면 기존에 쌓여있던 악성 매물을 모두 소화했다는 것을 말한다. 따라서 일각에서는 돈을 가진 세력의 개입 없이는 쉽게 접하지 못하는 지점으로 평가하기도 한다. 매도를 바라던 물량들을 다 소화했으므로 주가 상승 여력이 커진다. 반대로 주가가 240일선을 뚫고 내려왔다면 어떤 이유로 지지의 강도가 매우 약해졌다는 것을 말한다. 바닥이라고 생각했던 곳을 뚫고 더 내려갈 수도 있다.

이처럼 주가가 240일선에 닿았다는 것은 '변화가 나타나기 쉬운 구간에 돌입했다'를 의미한다. 240일선을 잘 활용하면 수익의 크기도 키울 수 있다. 물론 매매 타이밍을 잡는 방법과 투자의 기본적인 순서 정도는 이해하고 투자에 나서야 한다.

가장 먼저 단기와 장기 이동평균선의 밀집도를 확인해야 한다. 주가가 240일선에서 저항을 맞고 떨어진다면 관망했다가 240일선을 돌파할 때를 매수 시점으로 잡아야 한다. 5일선에서 20일선까지 240일선에 밀집했다가 정배열로 상승하는 것이 좋고, 240일선이 단기 이동평균선에 도달하면서 대량의 거래가 발생했다면 상승 확률은 더 높아진다.

세부적으로는 20일선이 240일선을 골든 크로스 하는 자리를 집중해서 지켜봐야 한다. 240일선을 1차 돌파할 때 관심을 두고 240일선 위에 있는 20일선에 캔들이 닿을 때를 매수 타점으로 본다. 차트 분석 외 재료 등을 살펴 호재를 파악할 수 있다면 승률은 더욱 높아진다.

이제 240일선 매매 기법을 살펴보도록 하자. 주식 투자에서 100%란 없다. 각각의 상황이 조금씩 달라서 대응하는 방법도 달라야 하는 경우가 태반이다. 매매 기법과 매수 타이밍을 잡을 때도 차트 혹은 상황에 맞게 최적의 방법으로 대응한다는 생각을 가져야 한다.

첫째, 240일선과 단기 이동평균선이 골든 크로스 하는 경우다(다음 페이지의 차트 참고). 240일선을 단기 이동평균선이 골든 크로스 하는 부분에서 투자자의 관심이 모이기 시작한다. 240일선에 장대양봉이 나온 것을 보고 많은 투자자가 이때 1차로 매수에 나선다.

만일 골든 크로스 부분에서 매수하지 못했다면 기간 조정의 흐름을 지켜보면서 다음 매수 타점을 잡으면 된다. 이후 주가가 지지를 받는지를 확인하고 동그라미 부분에서 매수에 들어갔다고 해도 이후 상승장을 통해 안전하게 수익을 가져갈 수 있다.

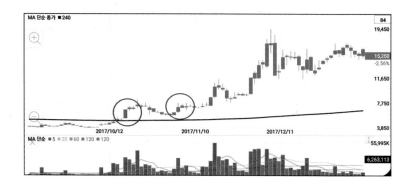

둘째, N자형 파동이 나타나는 경우다. 다음 차트에서 주가가 240일선의 지지를 받고 다시 상승하는 모습이 나타났다. 동그라미 부분에서는 주가가 240일선에 올라온 모습이 나타났다. 이후 주가는 5일선을 기점으로 N자형 파동(N자형 모습으로 주가가 움직이는 것)을 만들며 상승하고 있다.

이러한 차트에서는 N자형 파동이 나오면서 5일선이 상승하고 있을 때가 최적의 매수 타이밍이다. 단, 이어서 나타나는 캔들이

240일선을 뚫었던 캔들의 저가를 이탈하지 않는지 정도는 확인하는 것이 좋다. 이때의 캔들은 양봉이든 음봉이든 관계없다. 주가가 240일선을 뚫은 캔들의 저가를 이탈하지 않는다면 상승 여력이 있다고 판단한다. 단, 240일선을 돌파한 캔들의 저가를 기준으로 주가가 내려온다면 손절로 대응해야 한다.

셋째, 240일선을 뚫고 급등할 종목의 경우다. 주식 투자에서 흔히 '삼돌이'라는 용어가 쓰인다. '추세선 저항 돌파', '전고점 돌파', '240일선 돌파'를 의미한다. 240일선을 기준으로 투자할 때는 당연히 240일선을 돌파하거나 돌파하기 직전의 종목을 유심히 보게 되는데 추세선 저항 돌파와 전고점 돌파가 함께 나타나면 그 파괴력이 더 크다고 할 수 있다. 각종 재료가 쏟아진다면 하락세에 있는 주가는 240일선을 기점으로 크게 상승한다.

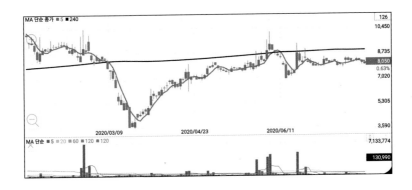

이러한 이유로 주가가 삼돌이에 돌입할 경우 매수로 접근하되 안전성을 높이기 위해서 5일선이 꺾이지 않는지, 지지는 잘해주는지

를 확인하도록 한다.

주가가 추세를 뚫었다면 돈을 가진 세력이 개입했을 가능성도 높다. 기존 투자자들 혹은 돈을 가진 세력은 주식을 1년 동안 갖고 있는 사람이라면 240일선을 본전 회수의 기회로 생각한다는 것을 알고 있다. 이들에게 전고점은 본전 가격과 거의 일치하기 때문이다. 따라서 전고점을 돌파했다는 것은 최근의 투자자들이 기존 투자자들 혹은 이전 세력의 물량을 인계받았음을 의미한다. 결국 자금이 들어와야 가능한 일이다. 이들의 지지가 계속되는지 확인하고 매수에 나서야 급락의 위험을 피할 수 있다.

이상으로 3가지 경우와 관련한 240일선 매매 기법을 살펴봤다. 주린이에게는 다소 복잡할 수도 있겠다 싶어 좀 더 정리해봤다. 240일선 매매에 참고하되 그때그때 상황에 맞게 대응하도록 한다.

첫째, 240일선을 돌파하는 캔들이 나오면 관심을 가진다. 240일선이 하락 추세일 경우 240일선을 돌파했더라도 우선은 관망한다. 하락 추세가 꺾이고 횡보를 하는 시점에 거래량이 붙으면서 240일선을 돌파한다면 더 집중해서 지켜볼 필요가 있다.

둘째, 240일선이 돌파한 이후 눌림목 자리를 지켜본다. 240일선이 돌파한 이후에 눌림목을 주면서 저점을 지지해주는 모습을 보일 때는 매수의 관점으로 접근한다. 240일선을 돌파한 주가는 다시 하락하면서 240일선의 기울기가 완만해지는 모습을 보이며 나타난다. 이때가 1차 매수 타점이다.

셋째, 240일선을 지지해주면서 우상향할 때 매수한다. 240일선이 지지선이 되면 쌍바닥을 만들면서 주가는 상승한다. 쌍바닥의 두 번째 바닥에서 거래량이 증가할 때 2차 매수 타점으로 접근한다.

넷째, 240일선을 지지할 때 캔들을 주목해야 한다. 매수 타점의 신뢰도를 높이기 위해서는 캔들의 모양을 확인해야 한다. 거래량이 많이 나오면서 240일선을 지지하는 단봉의 양봉 캔들, 도지 캔들, 역망치형 캔들이 나오면 신뢰도가 높아진다.

검색식을 활용하면 거래량이 증가하면서 240일선을 돌파한 종목을 쉽게 찾을 수 있다. 주가 범위나 거래 대금은 자신의 기준에 맞게 수정해볼 수 있다. 다음은 관련 검색식의 한 예다(키움증권의 HTS 기준).

√	지표	내용	값	삭제	▲	▼	↑	↓
☑	A	시가총액:<현재가기준> 30십억원 이상	☐	X	▲	▼	↑	↓
☑	B	주가범위:0일전 종가가 1000 이상 999999 이하	☐	X	▲	▼	↑	↓
☑	C	주가이평돌파:[일]0봉전 (종가 1)이평 (종가 240)이평 골든크로스	☐	X	▲	▼	↑	↓
☑	D	[일]거래량:300000이상 999999999이하	☐	X	▲	▼	↑	↓

조건식	A and B and C and D	▼	!	(	)(⊗)	X	?

2

달리는 말에 올라타는 급등주 매매

'급등주'란, 주가가 장대양봉을 그리거나 상한가에 도달하는 주식을 말한다. 급등주 투자는 '달리는 말에 올라타는 투자'다. 거래량이 증가하고 고가에서 움직이는 종목들이 더 오른다고 기대하면서 매수에 들어가는 것이다. 그러나 고가에서 움직인다는 것은 변동폭이 심함을 의미한다. 단기간에 높은 수익을 올릴 수도 있지만 상대적으로 많은 손실을 볼 수도 있다. 자신의 기준에 맞춰 예상 수익률에서 이익을 실현하고 손실은 과감히 덜어내는 태도로 임해야 급등주에서도 잃지 않는 투자를 할 수 있다.

주가를 움직이는 '세력'이 있다는 것은 투자자들 사이에서 공공연한 비밀이다. 이들이 주가를 올리고 수익을 가져가는 패턴을 이해하면 급등주 투자를 좀 더 안정적으로 할 수 있다.

100%라고 단언할 수는 없지만 분봉, 주봉, 월봉을 확인하면 세력의 움직임을 포착할 수 있다. 이들이 이전의 패턴대로 움직이는지를 확인하면서 매수와 매도 타이밍을 잡아야 한다.

급등주 투자의 가장 큰 위험은 높은 가격에서 사서 손절하지 못하고 물려있는 것이다. 따라서 가능한 한 여유를 갖고 접근해야 한다. 상황을 판단하고 정한 매수가보다 위에서 움직인다면 추격 매수는 피해야 한다. 관망도 하나의 기술이다. 몇 번의 연습을 통해 패턴에 익숙해진 후에 실전에 들어가는 좋은 방법이라 하겠다.

┃01┃
상한가나 장대양봉 출현 종목을 주목하자

상한가나 장대양봉(20% 이상)이 나오는 종목은 지속적으로 추적 관찰해야 한다. 상한가나 장대양봉이 나왔다는 것은 거래대금이 많이 몰렸음을 말한다. 많은 돈이 들어올 정도로 관심이 높아진 원인(재료)은 무엇인지, 현재 시장에서 주도주가 되고 있는지, 앞으로도 흐름이 유지될지를 잘 살펴야 한다.

투자 종목 선택과 수익 실현, 손절라인 지정은 이전의 투자와 비슷한 순서와 원칙으로 한다. 이때 매수가와 매도가의 기준을 정확히 잡고 원칙에 맞게 대응하는 것이 중요하다.

우선 종목 선택 방법부터 알아보자. 상한가나 20% 이상의 장대양봉 상승이 나온 종목을 정리한다. 일자별로 상한가나 20% 이상 장대양봉의 종목을 추적해 관리하는 것이 좋다. 상한가나 장대양봉이 나온 날의 거래대금은 최소 300~500억 원 이상으로 제한한다. 이 과정에서 시장의 주도주를 추린다.

확률을 높이기 위해서는 시장의 주도주 중에서도 세부적 기준에 부합되는 종목을 선택해야 한다. 상한가나 장대양봉이 나온 캔들이 120일선 위에 있으면 더 좋다. 또한, 분봉을 분석했을 때 '상승→조정→상승→조정'의 모습으로 물량이 천천히 소화되는 상황이 가장 좋다. 그러나 이러한 종목이라도 상한가에 이른 날에 무작정 추적 매수를 하기보다는 이후를 관망하고 상한가가 나온 재료를 확인해야 한다. 매수는 상한가가 나오고 이틀 후가 안정적이다. 상한가나 장대양봉이 급하게 나왔다면 역시 급하게 떨어질 확률이 높기 때문이다.

매수가는 기준에 따라 손절라인보다 2~3% 위로 잡는다. 손절라인은 상한가 다음 날의 저가보다 1% 낮은 가격대로 잡는다. 수익 실현을 위한 매도는 3% 이상부터 분할로 진행하고, 나머지 물량은 3일선과 5일선을 깨지 않으면 유지한다.

다시 강조하지만 투자에서 손절라인은 반드시 지켜야 한다. 매도를 통해 확정 손실이 나는 것이 두려워서 그대로 유지하다가는 더 큰 손실이 날 수 있다. 이것을 반드시 기억해야 한다. 이번에는 구체적인 실전 사례를 살펴보자.

다음 차트를 보면 상한가 이후에 다음 날 음봉으로 마무리됐고 저가는 11,200원이라는 것을 알 수 있다.

투자를 결심했다면 매수가와 손절라인을 세팅해야 한다. 손절라

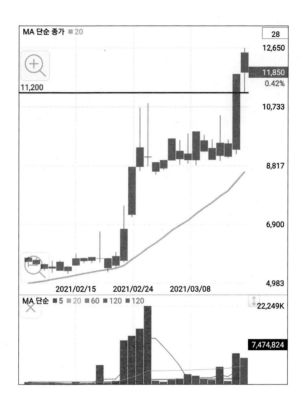

인은 상한가 다음 날 저가보다 1% 낮은 가격대를 잡는 것이 무난하므로 계산해보면 11,088원이 나오는데 호가창에서는 11,050원으로 잡을 수 있다. 매수가는 손절가보다 3% 위로 잡으니 11,381원이 나온다. 실제 거래 호가로는 11,350~11,400원으로 책정할 수 있다. 이를 매수가로 지정해 매수 주문을 걸어두면 된다. 이후 주가는 12,450원까지 상승했으므로 8% 이상의 수익을 낼 수 있었을 것이다.

거래량이 증가하며
종가를 지킬 때는 고고씽 놀이

고고씽 놀이는 전날 상한가나 장대양봉이 나오고 다음 날 거래량이 증가하면서 전날의 종가를 지켜줄 때 활용하는 매매 기법이다 (주가가 상향으로 향하기 때문에 쭉쭉 간다는 의미로 고고씽으로 정했다).

보통 이런 종목들은 시장의 주도주로 상한가나 장대양봉이 나온 이후에도 상승 여력이 남아 있다. 고가에서 움직이기 때문에 매매에 신중해야 하지만 그렇다고 두려워할 것까지는 없다. 매매 기준을 잘 정하고 접근하면 높은 확률로 단기에 높은 수익을 낼 수 있다. 이어서 고고씽 놀이의 투자 방법을 알아보자.

먼저 장이 끝나면 매일 상한가나 장대양봉이 나온 종목을 살펴야 한다. 처음에는 많은 종목을 한꺼번에 봐야 하기 때문에 힘든 작업이 될 수 있다. 하지만 반복적으로 패턴을 익히다 보면 많은 종목을 짧은 시간에 보는 요령이 생긴다.

고고씽 놀이에서 주목해야 할 종목은 상한가나 장대양봉(20% 이상)이 나온 종목들이다. 상한가나 장대양봉이 120일선 위에서 나왔다면 좀 더 유심히 관찰한다. 상한가가 나온 다음 날 거래량이 100% 이상 나왔다면 대상 종목으로 추려볼 수 있다. 단, 상한가가 나온 날 거래대금이 300억 원 이상이어야 하고 상한가가 나온 다음 날의 종가가 상한가를 지키고 있어야 한다. 종목을 추렸다면 차트 분석을 통해 15분봉이나 30분봉으로 저점이 지지가 되는지를 확인한다.

이동평균선 관점에서 고고씽 놀이를 분석해 보자면, 가격이 오르기 전에 모든 이동평균선이 밀집된 자리에서 장대양봉이 나타났을 경우 상승 여력은 매우 높다고 볼 수 있다. 이전 거래량보다 10배 이상 거래가 터진 곳은 매수 포인트가 된다.

매수했는데 상한가 종가를 기준으로 주가가 횡보한다면 가격이 오를 때마다 수익 실현을 하고 다시 진입하는 방법도 나쁘지 않다. 횡보하는 도중에도 목표 지점에 도달하면 매도한 다음, 다시 매수로 접근한다. 만일 고가에서 대량의 거래가 터진다면 대량의 수익 실현 매물이 있다고 봐야 하므로 거래량을 보면서 대응해야 한다. 일반적인 매도 지점은 전 고점으로 잡는다. 이 지점이 여의치 않는다면 3일선이나 5일선이 꺾일 때 분할로 매도해도 된다. 구체적인 실전 사례를 살펴보자.

다음 페이지의 차트를 보면, 상한가를 기록한 다음 날에 전날의 종가를 훼손하지 않으면서 주가가 움직였다. 음봉으로 마무리됐지만 실질적으로는 전날보다 가격이 상승하며 마무리됐다고 할 수 있다. 이후 3일간은 3일선에서 지지를 받으며 기간 조정을 했고 4일째 되는 날에 3일선과 5일선의 골든 크로스가 이뤄졌다. 그리고 상한가를 기록하고 5거래일 만에 다시 장대양봉이 나왔다.

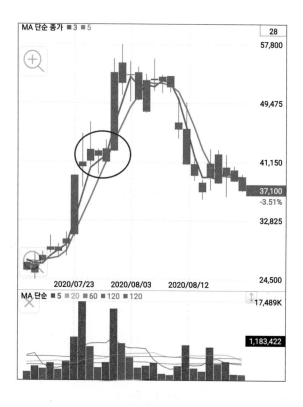

이 경우 수익 실현은 3일선 혹은 5일선의 흐름이 꺾이는 시점에 분할로 대응하는 것이 안전하다. 이러면 혹시 모를 급락에 대비할 수 있고 수익 실현 이후 남은 물량에 대한 부담도 줄어든다.

장중 혹은 장이 끝나고 검색식을 통해 고고씽 놀이 종목을 찾을 수도 있다. 관련 검색식을 정리하면 다음과 같다(키움증권의 HTS 기준). 주가 등락률이나 거래량 비율은 자신의 기준을 세워 수정해도 된다.

√	지표	내용	값	삭제	▲	▼	↑	↓
☑	A	주가등락률:[일]2봉전(중) 종가대비 1봉전 종가등락률 10%이상	☐	X	▲	▼	↑	↓
☑	B	주가비교:[일]1봉전 종가 < 0봉전 종가	☐	X	▲	▼	↑	↓
☑	D	[일]거래량:5000000이상 999999999이하	☐	X	▲	▼	↑	↓
☑	C	거래량비율(n봉):[일]1봉전 거래량 대비 0봉전 거래량 비율 100%이	☐	X	▲	▼	↑	↓

| 조건식 | A and B and D and C | ▼ | ! | (|)(⊗) | X | ? |

┃03┃
3음봉 패턴을 이용하는
고3 놀이

고3 놀이는 고가에서 나온 거래량이 줄어들면서 음봉이 연속으로 3개가 나올 때 활용하는 매매 기법이다. 물론 음봉 3개가 연달아 나왔다고 해서 모든 종목이 상승하는 것은 아니다. 음봉이 나오는 것을 기간 조정으로 보고 이후의 상승을 기대할 수 있는 종목을 매수해야 한다. 따라서 고3 놀이의 종목은 세부적인 기준에 부합할 때 선택해야 한다.

보통 3음봉이 출현하는 경우는 조정을 다질 때와 바닥을 다질 때, 2가지로 구분할 수 있다. 고가권(高價圈)에서 나오는 장대음봉은 바닥으로 내려가는 것이므로 매수하면 안 된다. 기간 조정의 3음봉은 거래량이 확연하게 줄어들고(장대양봉 거래량의 10~20%, 10% 이하라면 최적) 음봉의 크기가 크지 않아야 한다. 분봉을 통해 일정 가격을 지지하는 것도 확인이 된다.

이제 고3 놀이의 매매 방법을 알아보자. 우선 상한가나 장대양봉이 나오는 종목을 주목하고 이동평균선을 통해 신뢰도를 확인한다. 120일선이나 240일선을 돌파한 종목이라면 신뢰도는 높아진다. 또한, 상한가나 장대양봉 이후에 나온 음봉으로 거래량도 줄었다면 투자 대상으로 적절하다고 할 수 있다. 이때까지는 시장에서 매수에 재료가 가담할 수 있다. 단, 거래량이 줄어드는지, 일정 가격을 지지하는지는 확인해야 한다.

가격의 저항과 지지는 분봉을 통해 확인한다. 확인한 저항선과 지지선은 매수와 매도의 가이드라인으로 활용한다. 일단 돌파가 되면 강력한 저항선이었던 곳은 강력한 지지선이 된다. 따라서 상한가나 장대양봉이 나온 자리에서 어느 자리까지 지지가 되는지를 꼭 확인해야 한다.

투자 명언 중에 '음봉에 사서 양봉에 팔아라'가 있다. 3음봉을 활용하는 고3 놀이 매매를 가장 잘 표현한 말이다. 시장의 관심이 줄어들 때 매수해서 시장의 관심을 받을 때 매도하는 방법이라서 나름 안전한 매매라 할 수 있다. 구체적인 실전 사례를 살펴보자.

다음 페이지의 차트를 보자. 장대양봉이 나온 다음에 3음봉이 나왔고, 그 이후에 장대양봉이 나오고 다시 3음봉이 나왔다. 이후 거래량이 폭증하면서 상한가로 마무리하는 모습을 보였다.

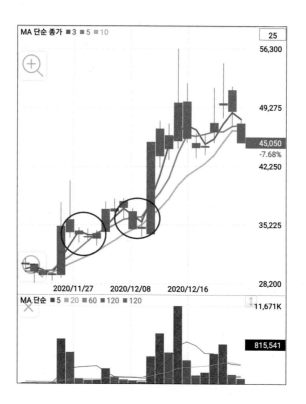

고3 놀이의 경우 3음봉에서 거래량이 현격히 줄어야 하고 3일선
과 5일선, 10일선을 지지해주는 모습이면 신뢰도가 높다. 단, 3음봉
이 나오면서 거래량이 터진다면 하락세가 이어질 수 있으므로 매도
의 관점으로 보고 대응해야 한다.

┃04┃
상한가 후 거래량 감소 시에는 기차놀이

기차놀이는 고가에서 깃발 모양, 혹은 삼각형 모양의 차트를 만드는 종목을 매매하는 방법이다['깃발 모양의 차트'라는 의미에서 기차(깃차)놀이라고 정했다].

투자 종목을 고를 때는 상한가나 장대양봉이 나온 이후에 거래량은 급격히 줄어드는 중에 일정 가격이 유지되는 종목을 찾는 것이 포인트다. 앞에서 소개한 고고씽 놀이가 거래량이 증가하며 종가를 지키는 상황을 보고 투자하는 것이라면, 기차놀이는 반대로 거래량이 줄면서 일정 가격을 지키는 상황을 보고 투자하는 것이다.

투자 종목을 찾을 때는 우선 상한가나 장대양봉이 나온 종목을 주목하되 일정 가격(상한가나 장대양봉의 종가)을 지키며 거래량이 줄면서 횡보하는 구간이 되었는가를 확인한다. 이때 120일선이나

240일선 돌파가 확인된 종목이라면 이후의 횡보는 '힘을 모으고 있는 것'으로 해석할 수 있다. 상승하면서 위꼬리가 나온다면 신뢰도는 더 높아진다.

기차놀이의 매수 타점은 줄었던 거래량이 다시 늘어날 때다. 분봉을 통해 저항과 지지를 확인한다. 저항선을 뚫은 후에 강력한 지지선이 된 곳을 기준으로 매수에 들어간다. 그러나 이후의 주가가 거래량이 터진 양봉의 저가를 훼손하면 손절로 대응해야 한다.

매도 타점은 5일선이 꺾이는 시점으로 보고, 이때 일부 혹은 전부를 매도해 수익을 실현한다. 이후 5일선이 다시 상승 추세로 간다면 다시 매수의 관점으로 접근할 수 있다. 또한, 거래량이 터진 후에 일정 가격을 지지해주면서 거래량이 줄어드는 모습을 보인다면 더 집중하고 봐야 한다. 3일선, 5일선이 크로스 되는 곳도 매수 타점으로 볼 수 있다.

기차놀이 투자 방법을 선택할 때는 시장 전체 분위기도 살펴봐야 한다. 아무리 재료가 있고 시장 주도주라고 해도 시장의 분위기가 좋지 않으면 주가의 방향이 흔들릴 수 있다. 역시나 시장이 하락세로 돌아선다면 보유 물량을 줄이고 시장 상황에 맞게 대응해야 한다. 실전 사례를 살펴보자.

다음 페이지의 차트에서는 상한가가 나오고, 상한가의 종가를 훼손하지 않으면서 횡보를 하는 모습을 보여주고 있다. 상한가 이후 이동평균선은 정배열로 정리됐으며 거래량이 줄면서 기간 조정의 모습을 보인다. 이때도 3일선과 5일선을 지지하는 모습이고 5일선

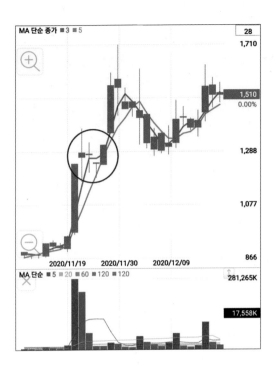

에 닿았을 때는 전날에 비해 거래량이 2배 이상 나오며 양봉으로 마무리됐다. 이후 주가는 5일선의 지지를 받으며 저가 대비 2배의 상승을 보여줬다.

　장중 혹은 장이 끝나고 기차놀이에 해당하는 종목을 찾고자 한다면 다음의 검색식으로 할 수 있다(키움증권의 HTS 기준). 주가 등락률이나 거래량 비율은 자신의 원칙에 맞게 수정하면 된다.

√	지표	내용	값	삭제	▲	▼	↑	↓
☑	A	주가등락률:[일]2봉전(중) 종가대비 1봉전 종가등락률 10%이상	☐	X	▲	▼	↑	↓
☑	B	주가비교:[일]1봉전 종가 <= 0봉전 종가	☐	X	▲	▼	↑	↓
☑	C	[일]거래량:500000이상 9999999990이하	☐	X	▲	▼	↑	↓
☑	D	거래량비율(n봉):[일]1봉전 거래량 대비 0봉전 거래량 비율 20%이	☐	X	▲	▼	↑	↓

| 조건식 | A and B and C and D | ▼ | ! | (|)(⊗) | X | ? |

┼05┼
상한가 시초가에 매매하는
다이빙 놀이

다이빙 놀이는 상한가까지 상승했던 주가가 상한가의 시초가를 깰 때 매수에 참여하는 투자 기법이다(고가를 찍던 주가가 시초가까지 내려온다 해서 다이빙 놀이라고 했다).

상한가나 장대양봉은 개인 투자자들이 만들기가 거의 불가능하므로 돈을 가진 주체, 즉 세력이 만들었다고 봐야 한다. 장대양봉이 만들어진 시점은 세력이 매수한 때라고 볼 수 있다. 따라서 세력이 만든 장대양봉의 시가는 세력의 지지라인 혹은 저항선이라 할 수 있다.

개인 투자자는 장대양봉의 시가를 지지라인 혹은 저항선으로 예측하고 깨지더라도 곧 회복될 것이라는 가정하에 매수에 참여한다. 주가가 그 이하로 떨어질 때가 좋은 매수 타이밍이 된다.

다이빙 놀이의 대상 종목은 요건을 갖춰야 한다. 우선 상한가가 120일선 위에서 만들어져야 한다. 그리고 거래대금은 300~500억 원 이상이어야 한다.

앞에서 소개한 대로 매수 타점은 가격 조정을 거쳐 상한가를 간 날의 시초가가 깨질 때다. 처음으로 상한가에 갔던 종목이 상승분을 모두 반납하고 내려오는 경우라면 승률이 더 높아진다. 그러나 이러한 상황이 벌어지기까지에는 상한가가 나오고 시간이 많이 지날 수 있다. 그래서 다이빙 놀이는 기다리는 매매라고도 불린다. 상당한 시간이 걸리고 가격 조정도 올 수 있으므로 다이빙 놀이의 종목은 되도록 분할로 매수하길 권한다.

손절라인은 시초가를 뚫고 올라온 양봉의 저가가 훼손되는 시점이다. 전 저점 혹은 투자자의 원칙(예: -5%)에 맞게 잡을 수도 있다. 만일 주가가 다시 시초가를 지지하며 상승한다면 매수 관점으로 접근한다. 실전 사례를 살펴보자.

다음 페이지의 차트에서는 상한가가 나오고 가격 조정에 들어간 모습을 볼 수 있다. 그러나 지지라인은 첫 번째 나온 상한가의 시초가로 긴 횡보의 시간을 가졌다. 그 이후에 쌍바닥이 만들어졌다. 두 번째 바닥이 시초가를 약간 깨는 모습을 보였지만 거래량이 상승하면서 시초가 대비 50% 상승하는 모습을 보였다.

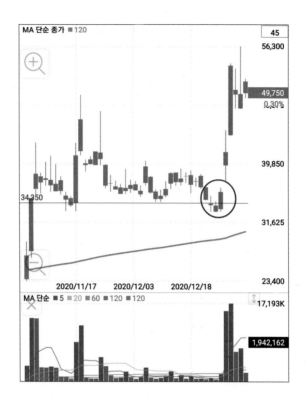

다음 페이지의 차트를 보면, 다이빙 놀이가 3번 정도 가능함을 알 수 있다. 가장 왼쪽 동그라미 부분에서 매수했다면 다음 날에 약 20% 이상의 수익을 낼 수 있었다. 그다음 동그라미 부분에서 매수했다면 3거래일 이후에 수익으로 전환됐을 것이다. 오른쪽 네모 부분에는 앞에서 소개한 고고씽 놀이의 매매법도 적용이 가능했다.

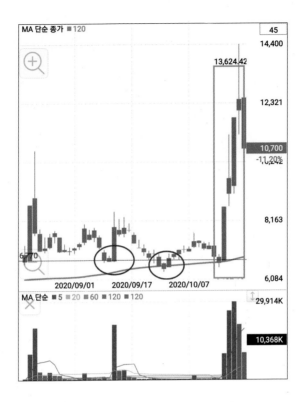

장중 혹은 장이 끝나고 다이빙 놀이에 해당하는 종목을 찾고자
한다면 다음의 검색식을 활용할 수 있다(키움증권의 HTS 기준). 등락
률은 자신의 원칙에 맞게 수정해도 된다.

√	지표	내용	값	삭제	▲	▼	↑	↓
☑	A	기간내 기준봉 주가비교 [일]1봉전 기준 30봉이내에서 기준봉의 최	☐	X	▲	▼	↑	↓
☑	B	기간내 등락률:[일]0봉전 30봉이내에서 전일종가대비종가 25% 이상	☐	X	▲	▼	↑	↓
☑	C	기간내 거래대금:[일]1봉전 30봉이내 거래대금 300000이상 1회 이상	☐	X	▲	▼	↑	↓
☑	D	주가이평비교:[일]0봉전 (종가 1)이평 > (종가 120)이평 1회이상	☐	X	▲	▼	↑	↓

조건식	A and B and C and D	▼	!	(	)(⊗)	X	?

상한가 캔들의
50%를 지지하는 오지 놀이

오지 놀이는 상한가를 갔던 종목이 하락하다가 상한가 캔들의 50%에서 지지받는 것을 보고 매매하는 기법이다. 상한가까지 갔다가 거래량이 줄면서 하락하는 종목을 대상으로 한다. 단, 하락 폭은 20일선의 지지를 받는 정도여야 한다.

매수 시점은 주가가 상한가 캔들의 50%에서 지지받는 것을 확인한 후가 가장 안전하다. 분봉을 통해 일정한 가격에서 지지받는지를 확인하면 되는데 거래량이 줄어드는 가운데 3일선과 5일선의 지지를 받는다면 신뢰도는 더 높아진다.

오지 놀이에서도 매수는 성급하게 하지 않는 것이 좋다. 여유 있게 하루 이틀은 지켜보다가 상한가 50% 부분을 지지하는 모습이 나올 때 분봉을 보고 타이밍을 잡는다. 단, 매수 타이밍에서는 거래량은 현격히 줄어도 가격은 지지가 되어야 한다. 도지 캔들이나 단봉의 양봉이 나온다면 매수의 좋은 사인이라 할 수 있다. 이번에 실전 사례를 살펴보자.

다음 차트를 보면, 상한가 이후에 한 번 더 주가가 상승했음을 알 수 있다. 이후 거래량이 줄면서 기간 조정을 하는 모습이 나타났다. 그러나 3일선을 지지하며 거래량을 줄이던 주가는 3일선과 5일선이 골든 크로스가 되는 시점에서 큰 상승이 나왔다. 이후에 주가는 하락하다가 상한가 캔들의 중간값 50% 부근에서 지지를 해주고 있다.

특히 동그라미 부분은 상한가 캔들의 50% 지점으로 단봉과 도지

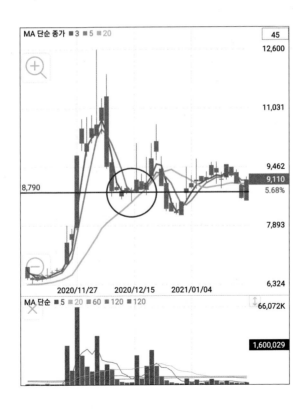

5장 실전에서 반드시 수익 내는 매매 기법

캔들이 나왔고 20일선이 강력하게 지지해주고 있다. 다음 날 위꼬리가 있는 양봉 캔들이 나오면서 상승했다.

이후 주가는 단기적 고점을 형성했으나 3일선이 꺾이며 상한가 캔들의 50%를 지지하지 못하고 추가 하락을 했다. 하지만 다시 주가가 올라가며 지지해주는 모습을 보였다. 향후 거래량이 이전보다 늘지 않는다면 상한가 캔들 50% 부근을 전후로 박스권 횡보가 이어질 것이다. 만약 박스권의 하단을 이탈한다면 그 부근을 손절가로 잡고 대응하면 된다.

다음 차트를 보면, 상한가 이후에 거래량이 증가해 앞에서 소개한

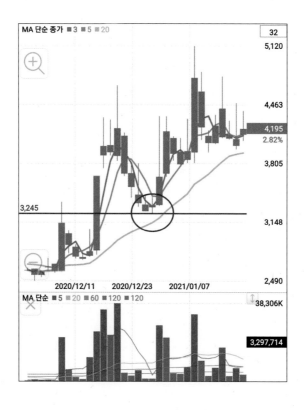

돈이 되는 주식을 사라

고고씽 놀이 매매법으로도 대응이 가능함을 알 수 있다. 그러나 거래량이 들어오며 주가가 상승한 이후 3일선과 5일선이 꺾이면서 주가는 거래량 없이 하락하는 모습을 보였다. 하락 중에 지지선은 상한가 캔들의 50% 부근이었다. 이때부터는 오지 놀이로 대응해야 한다. 추세 전환을 의미하는 도지 캔들이 나오고 다음 날에 강한 상승을 보여줬으며 3일선과 5일선의 지지를 받자 주가는 우상향하는 모습을 보였다.

오지 놀이에 해당하는 종목을 찾고자 한다면 다음의 검색식을 활용해 보는 것도 좋다(키움증권의 HTS 기준). 단, 검색 조건에 부합하는 종목이 자주 나오지 않을 수 있다. 이때는 A의 주가 등락률을 낮추면 종목들을 좀 더 살펴볼 수 있다. 그런데 수치를 조정하면 종목을 고르는 확률도 낮아진다는 것을 기억해야 한다. 처음에는 검색을 통해 종목들을 살피고 패턴을 눈에 익히는 연습을 한다.

√	지표	내용	값	삭제	▲	▼	↑	↓
☑	A	주가등락률:[일]1봉전(중) 시가대비 1봉전 종가등락률 20%이상	☐	X	▲	▼	↑	↓
☑	B	주가등락률:[일]1봉전(중) 종가대비 0봉전 종가등락률 0%이상	☐	X	▲	▼	↑	↓
☑	C	주가등락률:[일]1봉전(중) (시가+종가)/2대비 0봉전 저가등락률 0%	☐	X	▲	▼	↑	↓

조건식	A and B and C	▼	!	(	)(⊗)	X	?

┤07├
박스권을 돌파할 때
기회가 온다

'박스권'이란, 일정한 가격대로 지지선과 저항선이 형성되어 주가가 이를 벗어나지 못하고 공방을 벌이는 구간을 말한다. 박스권을 돌파하기 위해서는 대량의 거래량이 들어와야 한다. 보통 장대양봉의 캔들이 만들어지면서 박스권을 돌파하게 되는데 이것을 '돌파 매매'라고 한다.

돌파 매매에는 반드시 대량의 거래량이 동반되어야 한다. 거래량 없이 박스권 상단을 돌파할 수도 있지만 거래량이 없다는 것은 힘이 부족함을 의미한다. 따라서 다시 하락할 가능성이 높다. 앞에서도 강조했지만 거래량은 주가를 상승시키고 하락시키는 데 매우 중요한 역할을 하므로 거래량을 먼저 확인하는 습관을 가져야 한다.

일단 돌파 매매가 일어나면 이전의 박스권 상단에 자리 잡은 저항선은 지지선으로 바뀐다. 주가의 상승을 막던 박스권 상단은 이후 주가가 내려가지 않는 지지선이 되어 준다.

돌파 매매를 활용한 투자를 위해서는 박스권 형성 종목을 지속적으로 추적 관찰하는 준비가 필요하다. 흔히 박스권을 돌파할 때 거래량은 전 고점보다 더 높게 나타나는 것이 좋다. 거래량이 많을수록 이후 상승 여력도 높다.

만일 박스권 내에서 위꼬리가 발생했다면 주가가 더 상승한다고 생각한 투자자들이 매수에 가담한 결과라고 해석할 수 있다. 박스권 상단에서 이전보다 거래량이 많아졌다면 세력이 위꼬리의 물량을 받아서 매집했다고도 판단할 수 있다.

매수에 들어갈 때는 먼저 돌파 매매를 확인하며 분할로 접근한다. 이동평균선의 지지를 받는지도 확인해야 한다. 매입가와 손절가는 일봉 차트에 나타난 저항선과 지지선을 확인해서 구한다. 단, 박스권을 뚫은 지지선 이하로 주가가 내려간다면 전량 매도로 대응해야 한다. 이제 실전 사례를 살펴보자.

다음 페이지의 차트를 보면 긴 시간 동안 박스권을 형성했음을 알 수 있다. 전 고점인 13,700원이 저항선으로 작용했다. 몇 번이나 거래량을 동반하면서 주가 상승이 나왔지만 저항선을 뚫지 못했다. 거래량 역시 전 고점 대비 부족한 모습이다.

향후 전 고점보다 더 많은 거래량이 터지면서 돌파 매매가 나온다면 13,700원은 강력한 지지라인이 되면서 매수 타점이 될 수 있다. 그러나 전 고점의 거래량보다 더 터지지 않는다면 박스권 상단

에서 매도 관점으로 접근해야 한다. 추가로 주가를 지속적으로 관찰한 결과, 주가가 박스권에서 움직인다면 하단 지지선에서 매수하고 상단 저항선에서 매도하는 식으로 수익을 올릴 수도 있다.

다음 차트를 보자. 전 고점보다 더 많은 거래량을 통해 상승 여력을 보여준 사례다. 2020년 9월 박스권 상단인 9,450원까지 상승했다. 이후 오랫동안 횡보하며 박스권을 지키다가 12월 29일에 시가 9,450원, 종가 9,380원의 십자형 캔들이 나타났다. 다음 날 주가는 전 고점의 거래량을 넘어서며 박스권을 돌파했다. 이후 주가는 3일선, 5일선을 지지하며 상승했다.

돌파 매매가 나온 종목을 찾고자 한다면 다음의 검색식을 활용해 본다(키움증권의 HTS 기준). 검색 조건에 부합하는 종목이 나오지 않 는다면 B의 매물대에서 상향 돌파 일자를 바꿔가며 종목을 찾아본 다. 꾸준한 연습을 통해 자신의 원칙에 맞는 검색식을 완성할 수 있 을 것이다.

√	지표	내용	값	삭제	▲	▼	↑	↓
✔	A	주가돌파:[일]1봉(전) 고가를 현재가가 상향돌파	☐	X	▲	▼	↑	↓
✔	B	20일 매물대 상향 돌파	☐	X	▲	▼	↑	↓
✔	C	[당일] 전고점 상향돌파 1회 이상	☐	X	▲	▼	↑	↓
✔	D	거래량이평돌파:[일]0봉전 1이평 5이평 골든크로스	☐	X	▲	▼	↑	↓
✔	E	주가이평돌파:[일]0봉전 (종가 1)이평 (종가 5)이평 골든크로스	☐	X	▲	▼	↑	↓
✔	F	거래량 순위 <상위> 100	☐	X	▲	▼	↑	↓
✔	G	거래대금 순위 <상위> 100	☐	X	▲	▼	↑	↓
조건식	A and B and C and D and E and F and G			▼	!	( )(⊗)	X	?

3
직장인에게 특히 좋은 스윙 매매

투자자들은 환경의 영향을 받는다. 특히 본업이 따로 있는 직장인의 경우 대부분 여러 이유로 주식창을 자주 열어보지 못한다. 시장에 빠르게 대응하는 것이 어려울 수 있다. 그래서 직장인의 경우 스캘핑이나 데이 트레이딩보다는 중장기 스윙 매매가 적합할 수 있다. 스캘핑이나 데이 트레이딩의 경우 금액 단위는 크지만 수익률은 낮은 반면, 스윙 매매는 종목을 여러 개로 분산하고 기간은 비교적 길게 가져가는 경우가 대부분이다. 사서 고가에 판다는 기본에만 충실하면 위험은 낮추고 수익은 안정적으로 가져가는 투자를 할 수 있다.

스윙 매매의 경우 장중에 즉각적인 대응을 하지 못하기 때문에 종목 선정이 무엇보다 중요하다. 이동평균선이 정배열이고 우상향 추세의 종목 중에서 투자 종목을 고르는 것을 추천한다. 스윙 매매이 매수 적기는 골든 크로스가 일어나는 시점이지만 차트 외적인 부분도 두루 살피는 것이 좋다. 이번에 다양한 스윙 매매를 익혀보도록 하자.

│01│
살아 있는 추세를 따라가는
주봉 매매

일봉이 나무를 보는 매매라면 주봉은 숲을 보는 매매라고 할 수 있다. 일봉은 하루의 캔들을, 주봉은 일주일(5거래일)의 캔들을, 월봉은 한 달(20거래일)의 캔들을 의미한다. 이 중에서 주봉은 월요일부터 금요일까지 5거래일을 하나의 캔들로 표현한 것이다. 일봉만 보는 매매는 급등락에 심리적으로 흔들릴 수 있지만 주봉 스윙 매매를 하면 큰 그림으로 지지와 저항라인을 확인하며 여유로운 투자가 가능하다.

주봉 매매의 포인트는 20주선의 지지를 받는지를 확인하는 것이다. 보통 5개월가량의 기간을 두고 만들어지는 20주선은 '추세가 살아나는 선'으로 불린다. 20주선 아래에 60주선이 지지를 해주면 향후 상승을 기대할 수 있고 그 반대라면 하락을 예측해볼 수 있다.

그다음으로 주봉 매매에서는 거래량을 살펴야 한다. 거래량이 순차적으로 증가하면 투자의 좋은 사인이라고 할 수 있다. 하락하던 주봉이 20주선 아래에 있는 가운데 거래량이 들어오고 20주선을 올라타는 모습이 나타나면 매수의 관점으로 접근하는 것이 좋다.

구체적으로는 하락하던 주가의 5주선이 우상향으로 전환될 때 주목한다. 20주선을 지지하며 음봉이 나올 때를 노려보도록 한다. 5주선이 우상향할 때를 1차 매수 타이밍으로, 20주선에 올라오면 2차 매수 타이밍으로 접근할 수 있다.

단, 주봉으로 볼 때 저점이고 20주선을 올라온 상황이라도 이동평균선의 전체적인 모습을 살펴봐야 한다. 이동평균선이 정배열된 모습이 가장 이상적이다. 주봉이 20주선 위에 올라오고 아래에 60주선이 지지해주는 정배열이 연출되면 신뢰도는 높아진다. 정배열 상황에서는 매물대에 대한 부담이 없어 상승 동력이 더 크기 때문이다. 5주선과 20주선, 60주선이 수렴하는 위치에서 주봉 5주선이 쌍바닥을 만들면서 우상향할 때도 매수의 관점으로 볼 수 있다. 손절라인은 주봉이 20주선을 깰 때인데 단기적 손절라인으로 잡는다.

주봉 매매는 '기준봉'을 정하고 이를 활용하면 수익 내는 것이 훨씬 수월해지는 기법이라고도 할 수 있다. 흔히 장대양봉으로 폭증한 거래량을 동반한 기준봉은 세력이 만든 흔적일 가능성이 높다. 하락하던 주가가 어느 순간 많은 거래량을 동반하며 장대양봉을 만들었다면 이를 기준봉으로 정하고 시가, 종가, 중간값을 확인한다. 시간의 흐름에 따라 시가, 종가, 중간값은 지지라인과 저항라인이 된다. 시가를 지지라인으로, 종가를 저항라인으로 삼고 매매에 임하면 안정적인 수익을 가져갈 수 있다. 이제 실전 사례를 살펴보자.

다음 차트를 보면, 역배열에 있던 주가가 동그라미 근방에서 수렴됐다가 주봉이 20주선을 올라타면서 마무리됐다. 앞에서 상승을 보였던 주가는 20주선을 올라온 이후에 횡보하다가 20주선을 깬 후에 다시 올라오는 모습을 보였다.

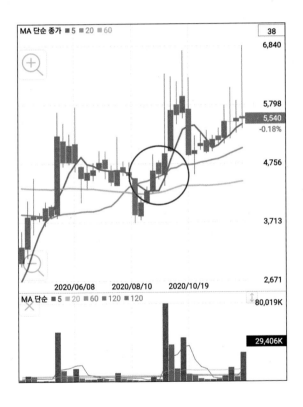

동그라미 부분에서 20주선을 올라탄 주봉은 이전에 상승했을 때보다 더 많은 거래량을 동반했기 때문에 추가 상승에 대한 기대감

을 가질 수 있다. 이동평균선의 수렴으로 힘이 모인 상황에서 20주선이 우상향하는 모습을 보이므로 기대감은 더 높아진다.

검색식에서 20주선 돌파 종목을 찾고자 한다면 다음의 검색식 조건을 활용해 보도록 한다(키움증권의 HTS 기준).

√	지표	내용	값	삭제	▲	▼	↑	↓
☑	A	시가총액:<현재가기준> 30십억원 이상	☐	X	▲	▼	↑	↓
☑	B	주가범위:0일전 종가가 1000 이상 999999 이하	☐	X	▲	▼	↑	↓
☑	C	주가이평돌파:[주]0봉전 (종가 5)이평 (종가 20)이평 골든크로스	☐	X	▲	▼	↑	↓
☑	D	거래량비율(n봉):[주]1봉전 거래량 대비 0봉전 거래량 비율 200%이	☐	X	▲	▼	↑	↓
☑	E	주가이평배열(3):[주]0봉전 5이평 > 20이평 > 60이평	☐	X	▲	▼	↑	↓

조건식	A and B and C and D and E	▼	!	(	)(⊗)	X	?

┤02├
직장인도 느긋하게 즐기는
월봉 매매

월봉 매매는 중장기 스윙 매매에 적합한 투자법이다. 월봉은 1일에서 30일까지(한 달)의 약 20거래일을 하나의 캔들로 표현한다. 주봉 매매와 비슷하게 나무보다는 숲을 보면서 장기 투자 종목으로 가져갈 때 유용하다.

월봉 매매에서는 기업 분석, 재료의 크기와 지지라인을 확인하고 기다리는 것이 가장 중요하다. 오랜 시간이 걸리는 만큼 안정적인 매매가 가능하다.

월봉 매매는 6월선이 우상향하고 있을 때부터 관심을 가져야 한다. 20월선을 지지하는지에 대한 여부도 확인해야 한다. 월봉에서 6월선은 일봉에서 120일선과 같다. 일주일에 5일 주식 장이 열리고 4주를 곱하면 월봉(5×4=20)이 되기 때문이다. 즉, 120일 주가의 평균값이 6월선이라 할 수 있다. 일봉에서 120일선의 지지 여부, 20일선이 추세를 전환하는 시기를 같이 보면서 흐름을 읽어가도록 한다.

매수 시기를 잡을 때는 조금 주의를 요한다. 월봉 매매는 월봉을 기준으로 하기 때문에 1달에 1개만 등장한다. 매달 마지막 날을 기준으로 어떻게 마무리가 되는지 살펴보고 새로운 달이 시작되는 날도 주의해서 살펴본다. 20월선을 지지해주거나 저점을 높일 때부터 매수를 고려해볼 수 있다. 흔히 20일선은 세력의 힘을 가늠할 수 있다고 해서 '세력선'이라고도 불리는데 대세 상승의 경우 그 역할을 20월선이 대신한다. 기관이나 외국인도 20월선을 예의주시하므로 월봉 매매 시 20월선에 집중할 필요가 있다. 이동평균선은 당연히 정배열 상태가 좋으며 저점이 지지해주는 상황이 더욱 안정적이다.

매도는 저항선을 보면서 분할로 접근한다. 20월선을 올라온 월봉의 저가를 훼손하면 손절로 대응하고 손절 이후 다시 월봉이 20월선을 올라가면 매수 관점으로 접근한다.

월봉 매매는 차트 분석도 중요하지만 성장성과 미래 가치가 있는 기업을 발굴하는 것도 매우 중요하다. 경제와 산업을 전체적으로 학습하고 차트를 길게 보면서 강한 저항과 지지를 확인한다. 장기간의 차트를 한눈에 볼 수 있으므로 그 자체로도 유리하다.

앞에서 언급했듯이 월봉 스윙 매매는 주식창을 자주 볼 수 없는 직장인들에게 적합한 장기 투자법이다. 월봉의 종가와 시가는 매우 중요하기 때문에 월말과 월초에는 더 관심을 가지고 지켜보도록 한다. 다음의 실전 사례를 살펴보자.

다음 차트를 보면, 2020년 6월에 급등하는 양봉 캔들이 나왔음을 알 수 있다. 그리고 이후 캔들의 종가를 지켜주면서 지지를 해주는 모습을 볼 수 있다. 7월에는 6월 거래량의 36%만 발생했고 도지 캔들로 마무리됐다. 그러다 8월에는 앞에서 나온 거래량보다 3배 정도 증가하면서 가격이 상승했다. 9월과 10월에는 음봉이 나왔지만 종가는 6월에 나타난 캔들의 종가를 지켜주며 지지하고 있으며 거래량은 현저하게 줄어들었다.

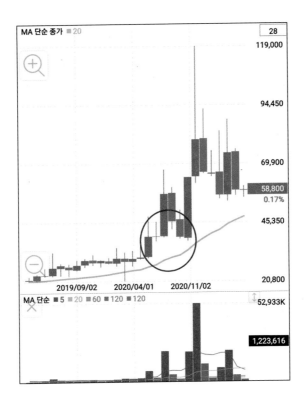

이러한 모습을 지켜보면 10월 마지막 날부터 분할로 매수하고 11월 초에는 시초가가 어떻게 변하는지를 본 다음, 추가로 매수를 진행할 수 있다. 월봉 기준으로 7월, 8월, 9월, 10월 모두 비슷한 금액을 지지하기 때문에 쌍바닥이 만들어졌다고 평가할 수 있다. 쌍바닥이 되는 시점은 정확한 매수 타점이다.

다음 차트에서는 일봉에서 주가가 120일선(월봉의 6월선) 위에 있고 우상향으로 추세가 바뀌는 자리를 확인할 수 있다. 이때 월봉이 시초가 위에서 양봉으로 나오는지도 확인해야 한다. 20일선이 하락 추세에서 상승 추세로 전환될 때가 유리하다. 일봉에서 5일선

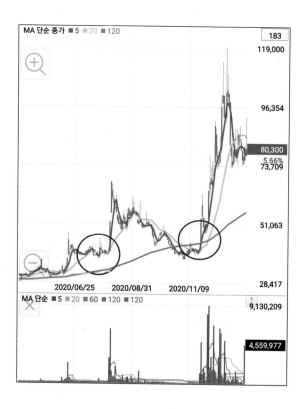

돈이 되는 주식을 사라

이 쌍바닥을 만들면서 상승 추세일 때면 신뢰도는 더 높아진다.

　이후 매도는 일봉과 주봉, 월봉의 추세를 보면서 진행한다. 만일 상단 매물대에서 1차로 매도했다면 100% 이상의 수익이 가능했을 것이고 욕심을 더 부렸다면 200% 이상의 수익도 가능했다.

| 03 |
정배열 전환만 살펴도
기회를 잡을 수 있다

앞에서 골든 크로스의 중요성은 여러 번 언급했다. 주가가 정배열로 전환됐다는 것은 장기 이동평균선(360일선, 240일선)이 아래, 중기 이동평균선(60일선)이 중간, 단기 이동평균선(20일선)이 가장 위에 있는 상태를 의미한다. 종목에 대한 많은 정보를 갖고 있지 못한 투자자라도 정배열 전환을 살펴 매수 타점을 잡으면 손쉽게 투자의 기회를 잡을 수 있다.

일반적으로 주가는 추세를 형성하므로 이동평균선이 정배열되면 상승 추세가 강한 것으로 해석한다. 보통 시장의 주도주가 정배열의 모습을 띠므로 이동평균선이 역배열에서 정배열로 역전됐다면 강한 상승세를 기대할 수 있다.

정배열 전환 시기에 투자하기 좋은 종목은 주도주나 재무 상태가 건강한 중형주, 그리고 중소형주다. 주도주는 이동평균선이 완전히 정배열한 후 우상향하는 상황에서 선택한다. 재무 상태가 건강한 중형주나 중소형주는 지수가 하락하고 다시 올라올 때 회복도 빠르므로 비교적 빠르게 목표 수익을 낼 수 있다.

매수 타이밍은 역배열의 5일선과 20일선이 정배열로 만들어지면서 상승세를 타는 시기다. 정배열이 된 상태에서 일봉이 60일 이동평균선에 닿는 자리와 120일 이동평균선에 처음 닿는 자리를 포착한다. 이는 상승세 중에 조정이 나타나는 자리로 좋은 매수 타점이 된다. 60일선에 닿을 때 1차로 매수하고, 120일선에 닿을 때 2차로 매수한다. 만일 추세가 무너지지 않으면서 1차 매수 후 추가 하락이 있다면 전 저점을 확인하고 120일선에서 2차로 매수할 수 있다. 이렇게 분할로 매수하면 하락 시에도 안전한 투자가 가능하다. 그러나 주가가 120일선 아래로 내려간다면 손절로 대응한다. 이제 실전 사례를 살펴보자.

다음 페이지의 차트에서는 주가가 상승하면서 이동평균선이 정배열되는 모습을 볼 수 있다. 정배열이 만들어진 다음, 주가가 20일선을 깨고 처음으로 60일선에 닿을 때가 1차 매수 타점이다. 이후 주가는 20일선을 돌파했다. 전고점에서 매도했다면 10% 이상의 수익을 낼 수 있었을 것이다.

이후에 두 번째 동그라미 부분에서 주가는 60일선에 닿았다. 이때가 2차 매수 타점이다. 주가는 이전보다 많은 거래량이 들어오며 전고점을 돌파했다. 추세가 꺾이는 것을 확인한 후에 수익 실현을

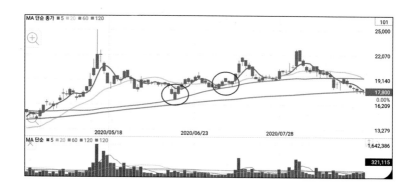

했더라도 10~15% 이상의 수익 실현이 가능했을 것이다.

이후에도 추세가 꺾이지 않은 상태에서 주가는 우상향한다고 예측하면서 매수했다면 여러 번의 수익 실현이 가능했을 것이다. 물론 어떤 경우라도 분할로 매수하고 손절라인을 철저히 지킨다는 것은 변치 않는 원칙으로 고수해야 한다.

정배열 종목을 찾고자 한다면 다음의 검색식을 활용하면 된다(키움증권의 HTS 기준). 다른 검색식과 달리 재무 관련 검색열을 넣은 이유는 재무 상태가 안정적이어야 주가가 우상향할 수 있기 때문이다. 검색열에 재무 관련 내용을 넣는 것을 잊어서는 안 된다.

√	지표	내용	값	삭제	▲	▼	↑	↓
✓	A	시가총액 :<현재가기준> 30십억원 이상	☐	X	▲	▼	↑	↓
✓	B	주가이평배열(3):[일]0봉전 5이평 >= 20이평 >= 60이평	☐	X	▲	▼	↑	↓
✓	C	주가이평배열(3):[일]0봉전 5이평 >= 20이평 <= 120이평	☐	X	▲	▼	↑	↓
✓	D	주가이평배열(3):[일]0봉전 5이평 >= 20이평 <= 240이평	☐	X	▲	▼	↑	↓
✓	E	[일]거래량:1000000이상 999999999이하	☐	X	▲	▼	↑	↓

| 조건식 | A and B and C and D and E | ▼ | ! | ( )(⊗) X | ? |

4
일정한 흐름을 따라가는 패턴 매매

앞에서 이동평균선을 이용한 매매 기법, 급등주에 주목한 매매 기법, 중장기에 적합한 스윙 매매 기법 등을 소개했다. 마지막으로는 주식에 대한 지식이 많지 않더라도 일정한 패턴을 이용해 수익을 낼 수 있는 매매 기법을 소개하려고 한다. 시장에서 인정받은 대장주 투자, 신규 상장주 투자, VI가 발동할 정도로 상승 폭이 큰 종목에 대한 투자, 갭이 발생한 종목에 대한 투자, 외국인과 기관 등 큰손이 주목한 종목에 대한 투자법 등을 소개한다.

'주식 투자는 예측이 아니라 대응이다'라는 말이 있다. 아무리 이전에 많은 수익을 내고 시장에서 여러 번 승리했다고 해도 100% 확신을 주는 투자법은 존재하지 않는다. 모든 투자는 대응이며 시장을 읽고 한발 앞선 선택을 할 수 있는 투자자가 승리하게 되어 있다.

이를 위해 투자자는 종목을 찾기에 앞서 시장을 읽을 줄 알아야 한다. 전체 시장의 분위기를 보면서 상승장인지, 하락장인지, 강세장인지, 약세장인지를 파악해야 한다. 만일 자신의 지식과 투자 방법에 자신이 없다면 일단 하락장과 약세장은 피하는 것이 '지지 않고 시작하는 법'이 될 것이다.

또한, 연습과 훈련 없이 시장에 대응한다는 것은 어불성설과 다름이 없다. 시장을 살아 있는 생물이라 부르는 이유는 어디로 튈지 모르고 상황의 변화도 다양하기 때문이다. 시장에서 살아남기 위해서는 패턴과 기법을 참고하며 연습하고 훈련해야 한다. 이번에 소개하는 패턴 매매법이 연습과 훈련의 좋은 참고가 되길 바란다.

┇01┇
힘센 대장주를 잡아라

주식 시장에는 반도체, 2차 전지, 전기차, 수소차, 5G 등 많은 테마가 존재한다. 테마는 하나의 산업군을 아우르기도 하는데 산업을 포함하지 않기도 한다. 정치 테마주처럼 인맥이나 관련 뉴스 등으로 묶이기도 한다. 또한, 한 종목이 여러 테마주에 등장하기도 한다.

테마주에 매수세가 커지고 거래량이 붙으면 가격은 상승한다. 테마에 묶인 종목은 동반 상승하는 경우가 많고 거래량과 상승 폭이 큰 '대장주'가 나타나기도 한다. 흔히 테마주의 메인이 되는 종목을 힘센 대장주라고 표현한다.

패턴 매매 중 하나인 '대장주 매매'는 하나의 재료와 연결돼 주가 등락을 주도하는 종목을 매매하는 것을 말한다. 산업 관련 테마주의 경우 동일한 업종, 동일 사업의 종목들을 테마로 묶고 대장(주)

과 부대장(주)을 중심으로 매매한다. 대장주의 매매를 가장 선호하는데 만약 대장주를 매수하지 못한 경우 대장주를 좇는 부대장주를 매수해 주가 상승분의 수익을 가져가기도 한다.

대장주 매매는 매일매일의 주도주를 확인하며 진행한다. 미리 종목 리스트를 뽑아놓고 매수세가 가장 강하게 들어오는 오전 9시부터 10시 사이, 오후 1시부터 3시 사이에 급격한 상승과 거래량이 급증하는 종목을 선별한다. 그중 대장주와 부대장주를 선별해 매수한다. 이때 대장주와 부대장주의 차트를 동시에 보면서 흐름에 맞게 매매한다. 대장주의 주가 흐름을 확인했다면 부대장주의 추종 매매로 수익을 올릴 수도 있다.

대장주 매매의 예로 방산주를 살펴보자. '방산'은 방위 산업의 줄임말로, 군대와 관련된 산업을 말한다. 군대에 납품하는 각종 무기나 부품, 차량 등을 만드는 기업을 방산주라고 한다. 방산주의 대장주로는 보통 빅텍이 꼽히고, 부대장주로는 스페코, 퍼스텍, 한일단조, 포메탈, 휴니드를 꼽는다.

빅텍은 방산 기술의 개발과 생산을 담당한다. 전원 공급 및 제어 장치 개발과 전자전 방향 탐지 장치 및 군용 전원 공급 장치, 피아 식별 장치 등을 생산한다. 스페코는 건설 장비 분해, 방위 산업과 관련이 있는데 전투함의 함 안정 조타기와 워터젯, 함 안정기를 군에 납품한다. 퍼스텍은 무기를 제조하고 보안 서비스 제품을 생산 및 판매한다. 일반 방위 산업과 시스템 사업을 담당한다.

방산주의 대폭 상승이 나타나는 시기는 지수가 떨어질 때나 북한

과의 갈등, 미·중 무역 갈등이 나타날 때다. 해당 산업이 군사적 안정화를 꾀하는 만큼 지수가 떨어질 때 인버스(Inverse) 역할을 하기도 하고, 갈등 상황에서 수혜를 입을 것으로도 해석하기 때문이다. 구체적으로 방산(테마)주의 대장주와 부대장주의 주가 흐름을 살펴보자.

방산주는 주가 지수와는 반대로 움직인다. 앞에서 말했던 빅텍과 스페코를 예로 들어보겠다.

빅텍과 스페코의 주가는 2020년 6월 18일에 동시에 상한가로 마감한 반면, 코스닥과 코스피 지수는 6월 15일에 최저점을 찍고 반등했다. 6월 19일에 빅텍과 스페코의 주가는 고점을 찍고 내려왔

[빅텍]

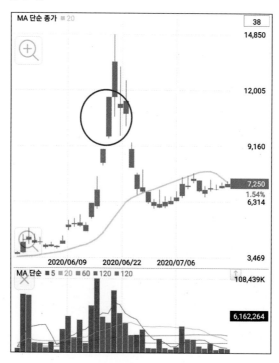

[스페코]

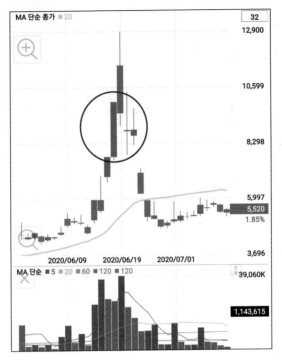

다. 만일 장중에 방산주 관련 종목이 오른다면 지수도 같이 확인하면서 시장에서 어떤 악재가 발생했는지 확인할 필요가 있다.

대장주와 부대장주의 흐름을 보면 보통 부대장주가 대장주를 추종하는 모습을 보인다. 실제 상한가에 올랐던 2020년 6월 18일의 3분봉을 비교해 보면, 대장주 빅텍은 장 시작 후 3분봉 첫 캔들에서 11.79%로 마감했고, 스페코는 5.95%로 마감했다. 빅텍은 12시 36분에 상한가에 안착했고, 스페코는 13시 15분에 상한가에 안착했다. 추종 매매 시에는 거래량을 확인해야 한다. 많은 투자자의 관심이 몰리면 거래량은 많아질 수밖에 없고, 거래량이 많아지면 상승 확률도 높아진다. 만일 거래량이 주춤하면 추종 매매는 피해야 한다. 대장주를 놓친 상황에서 부대장주를 매매했는데 만일 하락세가 나타난다면 부대장주의 하락이 더 클 수밖에 없기 때문이다. 대장주와 부대장주의 정보는 거의 오픈되어 있다고 봐야 한다. 하락 시장은 부대장주의 투매를 불러일으킨다.

대장주 매매는 추종 매매 혹은 짝짓기 매매라고도 한다. 어떤 종목이 대장주와 부대장주로 묶여 있는지 확인하는 것이 유리하다. 같은 섹터 내에서 혹은 지주회사와 모회사, 자회사, 지분 관계회사일 경우에도 짝짓기 매매가 가능하다. 다음은 대표적인 대장주와 부대장주의 묶음이다.

- 바이오스마트와 옴니시스템: 바이오스마트는 옴니시스템의 모회사로 24.91%의 지분을 보유하고 있다.
- 새로닉스와 엘앤에프: 새로닉스는 엘앤에프의 모회사로 28.37%의 지분을 보유하고 있다.

다음은 개별 종목이지만 같이 움직이는 종목들을 정리한 것이다. 개별 종목이지만 같이 움직이는 이유로 크게 3가지를 들 수 있다. 첫째 같은 섹터로 트렌드의 영향을 받는 것, 둘째 기업 간 지분 관계가 큰 경우, 셋째 대장과 부대장 격으로 분류되어 방향성을 같이 하는 경우다.

광림 - 쌍방울 | 세원 - 센트랄모텍 | 다날 - KG모빌리언스 |
동방 - 케이티알파 | 신라섬유 - 양지사 | 동신건설 - 프리엠스 |
비덴트 - 우리기술투자 - 위지트 | 대웅 - 대웅제약 | 종근당 3형
제(종근당바이오, 종근당홀딩스, 종근당) | 셀트리온 3형제(셀트
리온, 셀트리온헬스케어, 셀트리온제약) | 녹십자그룹주(녹십자,
녹십자랩셀, 녹십자홀딩스 등) | 코스모화학 - 코스모신소재 | 유
니온 - 유니온머티리얼 - 티플랙스 | 구영테크 - 화신 | 키네마스
터 - 솔본 | 삼성출판사 - 토박스코리아 | 로지시스 - 한네트 - 케
이씨에스 | 디알텍 - 모비스

이외에도 많은 종목이 방향을 같이 한다. 특히 한 테마 내에서 대
장주와 부대장주로 움직이는 종목이 상당히 많다. 주가 흐름을 보
면서 함께 움직이는 종목을 테마별로 묶어 정리해 보면 나름의 재
미를 느낄 수도 있을 것이다. 테마에 존재하는 대장주와 부대장주
를 확인했다면 되도록 대장주를 매매하는 것이 좋다. 시장의 주도
주를 잡는 것이 안전한 매매의 지름길이기 때문이다.

상장주 매매는
신중하게 접근하자

'상장주 매매'는 신규 상장한 지 6개월 미만의 종목을 매매하는 것을 말한다. 신규 상장주는 거래 이력이 없기 때문에 차트 분석이 무용지물이다. 위 매물대가 없어서 한 번 상승하면 어디까지 갈지 모르고, 하방 지지선이 없어서 한 번 하락하면 어디까지 하락할지도 모른다. 그래서 상장주 매매를 할 경우 신중하게 접근하는 것이 중요하다.

우선 상장한 첫날 매매는 여러 가지를 검토한 후 진행해야 한다.

첫째, 공모가를 확인한다. 투자설명서를 보면 공모가액 산출 방식이 있으니 확인하고 회사의 재무제표와 사업 내용도 꼼꼼히 살핀다.

둘째, 상장일 시초가를 확인한다. 일부 예외는 있지만 일반적으로 공모가 가격 위에서 시초가가 형성된다. 많은 관심을 받는 종목이라면 공모가의 2배로 시초가가 시작하기도 한다. 장외 주식 거래 사이트인 38커뮤니케이션에서 상장 주식의 공모가와 시초가, 현재 가격 대비 현황 등을 확인할 수 있다.

셋째, 보호 예수 물량을 확인한다. '보호 예수 물량'이란, 특수관계인, 기관 등이 일정 기간 팔 수 없게 약정된 물량을 말한다. 보호 예수 물량이 풀리면 매도 물량이 많아질 수밖에 없으므로 하락세를 면하기 어렵다. 각 기업의 증권 발행 실적보고서를 통해서 확인할 수 있으므로 확약 기간과 물량을 참고한다.

실전에서 상장주 매매를 할 때 주의할 점은 앞에서 설명한 방법에 대한 대비책으로 생각할 수 있는 것들이다.

우선 상장 첫날 음봉이 나오면 매수를 피한다. 저점이 나오고 지지되는지를 살핀다. 매수는 저점이 아닌 저점을 높이는 부분에서 시도한다. 저점에서 십자형 캔들, 단봉의 양봉, 망치형 캔들이 나오면 상승으로 추세 전환이 될 가능성이 높다. 많은 거래량을 동반하며 20일선을 돌파하는 관통형 양봉이 나온다면 매수의 관점으로 봐도 무방하다. 특히 신규 상장주의 경우 20일선이 나오면 지지와 저항을 구분할 수 있는데 20일선을 지지하는 모습이 보이면 매수 관점으로 접근한다. 또 하나의 매수 타이밍은 거래량이 증가하면서 전고점을 돌파하는 시기다. 상장 당시 고점 저항선을 돌파하는 때도 좋은 시점이 된다.

앞에서도 언급했는데 신규 상장주의 경우 상승과 하락의 저항과 지지선이 없으므로 주가를 예측하기가 매우 어렵다. 흐름을 잘 지켜보고 신중하게 접근한다는 투자 원칙을 지키도록 한다. 이제 실전 사례를 살펴보자.

다음 차트에서는 여러 매수 타점을 찾을 수 있다. 우선 하락하던 주가가 저점을 만들고 저점을 높여갈 때, 즉 쌍바닥을 만들 때가 보인다. 왼쪽 동그라미 부분이 해당한다.

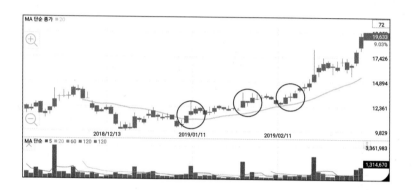

그다음 중간에 있는 동그라미 부분은 박스권을 돌파하는 구간이다. 돌파 매매의 경우에는 전고점을 돌파하면 매수에 가담한다. 신규 상장주가 상장되고 종가보다 하락하면 저항선이 만들어지고, 저항선을 돌파하면 매수 자리가 된다. 매수 자리는 이후 강력한 지지선이 된다. 돌파 매매는 저항선의 거래량보다 거래량이 많아야 확률이 높은데 중간 동그라미 부분의 거래량이 상당한 것을 확인할 수 있다.

오른쪽 동그라미 부분은 돌파 매매 이후에 상승하던 주가가 하락하다 지지라인에서 멈춘 구간이다. 흔히 눌림목이라고 불리는 지점으로 지지를 확인한 후 매수로 접근하면 된다. 이후 주가는 거래량

돈이 되는 주식을 사라

이 지속적으로 증가하면서 우상향의 모습을 보여줬다.

다음 차트를 보자. 상장한 첫날에 장대음봉으로 종가가 마무리됐다.

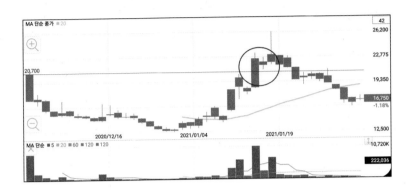

앞에서 첫날 주가가 하락해 음봉이 나타나면 매수에 가담하지 말고 관망하라고 설명했다. 주가가 저점을 형성하고 상승으로 추세 전환이 되는지를 확인하는 것이 관건이다.

저점을 높이면서 20일선을 올라탈 때 적극적으로 매수를 고려한다. 동그라미 부분은 상장 첫날의 고가를 돌파해주는 지점이다. 상장 이후 역대급 거래량이 나오면서 고가를 돌파했다. 이러한 상황에서는 이전 저항선이 강력한 저항선이 된다. 주가 역시 다음 날 거래량을 줄이며 돌파한 자리를 지켜주는 모습이 나타났다. 이후 주가는 돌파한 자리로부터 30% 이상 상승하고 하락했다. 강력한 저항선을 돌파하면 해당 지점이 강력한 지지선이 되고 이후 추가 상승을 기대할 수 있다.

|03|
하방VI에 매수하고
상방VI에 팔아라

앞에서 VI(Volatility Interruption)는 주가의 급격한 변동을 막는 안전화 장치라고 설명했다. VI가 발동되면 일반 매매가 정지되고 2분간 단일가 매매로 진행된다. 추가로 30초 더 연장될 수 있으며 VI 발동 횟수에는 제한이 없다.

VI에는 동적VI와 정적VI, 2가지가 있다. 동적VI는 현재 체결 가격이 적정 체결가보다 일정 비율 이상 변동할 경우 발동되며 단일가 매매가 이뤄진다. 정적VI는 해당일 시가가 전일 종가와 10% 이상 변동이 생길 때 발동되며 발동 이후 가격을 기준으로 시가가 재설정된다.

투자 현장에서 보면 VI는 급격한 변동을 막기 위한 일종의 안전장치지만 VI가 해제되는 순간 주가는 더 급변할 가능성이 커진다.

그래서 주의해야 하는 구간이지만 동시에 기회의 구간이기도 하다.

주식 격언 중에 '공포에 사서 환희에 팔아라'가 있는데 하방VI 매매법에 가장 적절한 표현이라 생각된다. 하방VI 매매법은 음봉이 양봉으로 전환되는 반등을 통해서 수익을 내는 대표적인 투자법이다. 가장 좋은 시나리오는 하방VI에 매수하고 상방VI에 매도하는 것이다.

악재가 없는 기업이 하방VI가 발생해 과도하게 하락한 경우 주가는 다시 상방VI까지 가는 경우가 대부분이다. 확률적으로 일어날 빈도가 높은 상황이다. 그러나 100%는 없으므로 충분하게 연습한 다음, 실전에 적용해 보도록 한다. 처음부터 실전에 들어가지 말고 일정 기간은 연습과 테스트를 해야 실전 매매의 확률을 높일 수 있다.

하방VI 매매법은 장 시작 후 VI 발동 현황을 수시로 확인하면서 종목을 선별한다. 시기적으로는 장 초반과 후반부에 리스트업을 하는 게 유리하다. 이 두 시기 중에서는 오후보다 장이 시작되는 오전이 하방VI 발동 확률이 더 높다. 장 시작 후 수시로 확인할 필요가 있다.

종목이 선정되면 검색을 통해 악재가 있는지 확인한다. 공시나 뉴스를 통해 확인하는 것이 일반적이다. 기업의 재무 상태까지 빠르게 확인해야 한다. 악재가 없는데도 주가가 과도하게 빠졌다면 세력이 차트상 일봉의 저가를 만들기 위해 의도적으로 주가를 내리고 있다고 판단할 수 있다.

기업에 악재가 없다는 결론이 섰다면 하방VI 근방에서 1차 매수를 한다. 1차 매수 후 추가로 하락한다면 2차 매수를 한다. 2차 매수 후 다시 하방VI에서 3차 매수를 한다.

VI 발동 현황 목록에 하방VI 종목이 보인다고 해보자. -5%일 때 VI가 해제되면 -5%에서 가장 근접한 금액으로 1차 분할 매수를 하고 첫 매수가 기준으로 더 하락할 때를 대비해 2차 분할 매수를 준비하는 식으로 한다. 이러한 저가 분할 매수는 평균 단가를 낮춰 준다. 예를 들어, 시가 2,000원인 종목의 경우 1차 하방VI 발동가 (-5% 하락 주가)인 1,900원에서 250주를 분할 매수하고, 2차 하방 VI 발동가(-10% 하락 주가)인 1,800원에서 250주를 분할 매수하면 평균 단가 1,850원에 500주를 보유하는 상황이 된다.

세력에 의해 '개미 털기' 또는 '물량 모으기'가 어느 정도 마무리 되면 주가가 반등하는 턴어라운드 시점이 발생한다. 이때 마이너스 구간을 회복하고 상방VI가 걸리면 큰 수익이 발생한다.

이후 급락하던 주가의 경우 세력의 저가 털기 혹은 물량 모으기 가 마무리되면 상승세로 턴어라운드가 된다. 이때부터 수익 구간에 들어간다. 본격적인 수익 실현은 상방VI에 도달할 때 1차 매도를 통해 이룰 수 있다. 이후에는 분할 매도를 통해 추가적인 수익을 올린다. 그러나 예상과 달리 투자자가 알지 못한 악재가 분명했고 이후 주가가 지속적으로 하락한다면 손절라인을 지키는 것이 최선이다.

이제 실전 투자 사례를 살펴보자. 실제 거래 일지를 통해 상황을 복기해 보고자 한다.

다음 차트에서는 4월 7일에 하방VI가 발생했다. 이는 VI 발동 현황을 통해 확인이 가능했다. 이날 주가는 저가 −9.15%, 5,560원에서 고가 +29.90%, 7,950원까지 움직였다.

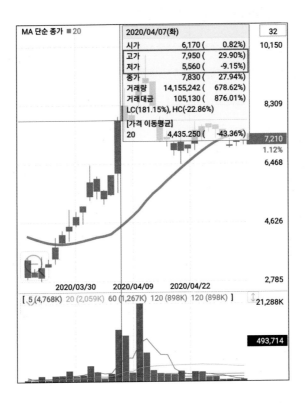

당시 하방VI 해제가 되면서 이에 근접한 −8%의 가격인 5,650원에 1차 300주를 분할 매수했다. 2차 분할 매수를 준비했지만 주가가 더 하락하지 않아 그대로 반등을 기다렸다. 하방VI 해제가 되고 급락했던 주가가 반등을 시도했는데 거래량이 늘어나고 호가창에 매도세 우위 수량이 늘어나면서 턴어라운드 현상이 나타났다. 상승을 위한 물량 모으기가 진행되고 당시 관련 이슈가 주목받자 이날 종가는 상한가 7,950원을 찍었다. 상한가 부근인 7,920원에 매도해 차익을 실현했다.

신규 상장주의 차트로 한번 보자. 다음 차트의 종목은 5월 22일에 상장했는데 장 전에 공모가 14,900원의 100~103% 내외 상승가인 30,450원에 시가가 형성됐으나 장은 −8%로 시작됐다. 이후 장이 시작한 지 10분도 지나지 않은 상황에서 −22.79%로 하방VI에 걸렸다.

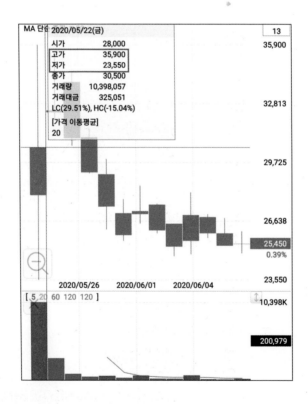

신규 상장주가 상장 당일 날 특별한 악재가 없는데도 장이 시작

하고 바로 −22.79%로 하락했다는 것은 세력의 '흔들기' 또는 '털어내기'라고 해석했고 하방VI 매매법을 사용하기 적당하다고 판단했다.

하방VI가 해제될 시점에서 저가로 분할 매수를 준비했다가 저가에 근접한 24,950원에 1차 매수를 했다. 2차 하락은 없는 가운데 반등이 오기를 기다렸다가 상방VI가 발동되는 31,250원에 매도했다.

또 다른 차트를 보자. 다음 차트의 종목은 8월 14일에 하방VI 상태가 아니었는데도 −9.56%로 시초가가 시작됐다.

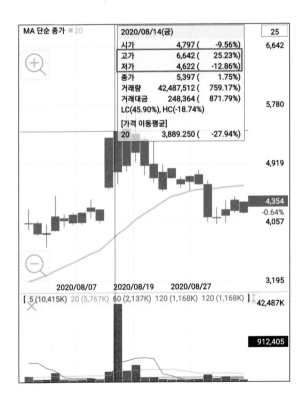

기존 하방VI 매매법과 동일하게 4,790원에 200주를 1차 매수하고 4,630원에 100주를 2차 매수했다. 3차 매수까지 해서 총 300주, 평단가 4,736원으로 만든 다음, 주가 상승을 기다렸다. 주가는 예상대로 턴어라운드를 했고 전체 300주를 6,200원에 매도해 수익을 실현했다.

그런데 수익 실현을 한 이후 해당 종목이 다시 하방VI에 걸린 것을 확인하고 재매수에 들어갔다. 마찬가지로 4,890원에 200주를 1차 매수하고 4,700원에 100주를 2차로 매수했으며 3차까지 진행해 총 300주, 평단가 4,826원의 물량을 들고 주가 상승을 기다렸다. 또 한 번의 반등이 나와 상승VI 해제 시점인 6,500원에 300주를 또다시 매도했다.

돈이 되는 주식을 사라

+04+
하락 갭은 못 메꿔도
상승 갭은 반드시 메꾼다

주식 격언 중에 '하락 갭은 못 메꿔도 상승 갭은 반드시 메꾼다'가 있다. 격언의 '맞다', '틀리다'를 논하기는 어렵지만 일반적으로 갭의 경우 메꾸면서 상승하는 모습을 자주 볼 수 있다. 이러한 시장 상황에 근거해 투자 패턴으로 '시가 갭 매매 기법'을 정리해봤다.

갭은 기업에 어떤 이슈가 있거나 미래를 예측하게 해줄 수 있는 지표라고 말할 수 있다. 갭은 하락할 수도 있고 상승할 수도 있다. 여기서는 시가 갭 중에서도 상승 갭에 대해서만 이야기하고자 한다.

'시가 갭'이란, 전날 종가와 당일 시가 사이에 상당한 차이가 존재하는 것을 말한다. 흔히 주가가 '갭 상승한다'라고 하는데 갭 상승이 나오는 이유는 전날 장이 끝나고 혹은 당일 장 시작 전에 호재가 나오기 때문이다.

보통 정규장 이후 18시에 시간 외 단일가 매매가 끝나면 시간 외 상승 상위 종목이 나온다. 이 종목들을 살피면 다음 날 갭 상승 종목을 예측할 수 있다. 해당 종목을 찾는 방법은 시간 외 단일가 매매 후에 높은 거래량(30만 주 이상)과 높은 상승률이 나온 종목을 확인한 다음, 차트를 열어 주가를 확인하면 된다. 주가의 현재 위치가 이전에 비해 어떻게 달라졌는지 확인한다.

또한, 다음 날 장 시작 전에 예상 체결 상승 순위를 확인할 수 있다. 이때 상승 갭이 나올 수 있는 종목들을 또 한 번 추릴 수 있다. 이 종목들은 시간 외 단일가 매매에서 높은 상승이 나왔던 종목과 겹칠 수도 있는데 아닌 경우도 많다. 전날에는 특별한 반응이 없다가 장 전에 호재가 등장해 (혹은 알 수 없는 이유로) 갭 상승을 하는 경우다.

포괄적으로 대상 종목을 추렸다면 다음은 좀 더 세밀하게 실제 투자 가능 종목을 걸러야 한다. 시가 갭 매매 기법은 시가 갭이 생긴 모든 종목에 적용하지는 못하므로 저항선과 지지선이 명확한 차트를 중심으로 종목을 추려야 한다.

가장 좋은 차트는 장대양봉이 나오고 장대양봉의 종가 근처에서 횡보하는 상황이다. 차트를 길게 보면 오랜 기간 박스권(2달 이상)을 형성하면서 횡보하는 모습이 보인다. 박스권의 상단 고점을 기준으로 시가 갭이 발생하는 경우도 종종 있는데 횡보 기간이 길면 길수록 상승에 대한 신뢰도는 높아진다. 또한, 바닥에서의 상승 갭은 갭을 메꾸지 않고 갈 때 주가에 더 탄력이 붙을 수 있다.

세부적으로 들어가서 장대양봉이 나오고 다음 날 나타나는 캔들이 장대양봉의 종가와 장대양봉의 50%를 지지한다면 음봉에서 매수할 필요가 있다. 거래량이 점차 증가하면서 5일선을 지지하는지도 함께 확인해야 한다. 이동평균선은 정배열된 것이 신뢰도가 더 높다. 종목을 선택할 때는 이왕이면 시가총액 5,000억 원 이상의 종목을 고르는 것이 안전하다.

이런 식으로 시가 갭 매매 기법에 적정하다고 생각되는 종목을 골랐다면 갭 상승이 실현된다는 전제하에 전고점에서 매수를 걸어둔다. 만일 갭 상승으로 시초가가 형성된다면 전 고점은 매수 타점으로 매우 유의미하다. 일반적으로 전 고점은 저항선으로 작용하지만 일단 돌파가 이뤄지면 강력한 지지선이 될 수 있다. 손절라인은 -5% 혹은 원칙에 부합하는 수준으로 잡고 들어가도록 한다.

다음 차트를 보자. 7월 28일에 상승 갭으로 시초가를 만들었고, 약 2달간 박스권에서 움직였다. 6월 8일에 만들어진 박스권 상단 고점 56,400원은 강력한 저항선이 됐다. 그러다 7월 28일에 주가

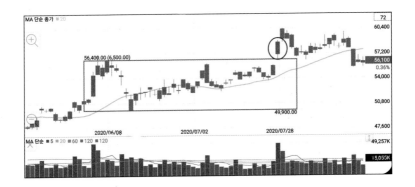

는 상승 갭으로 시초가 57,000원에서 2.52% 상승한 가운데 장을 시작했다. 이날 저가는 56,400원이었다.

만일 이날 6월 8일에 만들어진 박스권 상단 고점인 56,400원에 매수를 걸어뒀다면 바로 체결됐을 것이고 당일 약 5% 이상의 수익을 볼 수 있었다. 다음 날까지 보유하고 있었다면 8% 이상의 수익도 가능했다.

박스권으로 표시된 곳의 고점 56,400원에 1차 매수가를 걸고 바로 전고점 55,800원에 2차 매수가를 걸어두는 매매도 고려해볼 수 있다. 실전에서는 2차 매수가까지는 오지 않았지만 긴 박스권의 고점과 전고점은 좋은 매수 포인트가 된다는 점을 확인할 수 있다.

시가 갭 매매 종목을 찾고 싶다면 다음의 검색식을 이용해볼 수 있다(키움증권의 HTS 기준). 상승 갭은 투자자의 기준에 맞춰 수정할 수 있다. 실제 검색을 해보면 생각보다 많은 종목이 검색되기도 한다. 차트를 하나하나 돌려보면서 적합한 차트를 찾는 노력을 해야 한다. 차트상의 저항선과 지지선을 확인해야 적절한 매수가를 상정할 수 있다.

√	지표	내용	값	삭제	▲	▼	↑	↓
✔	A	시가총액 :〈현재가기준〉 30십억원 이상	☐	X	▲	▼	↑	↓
✔	B	[일]0봉전 종가시가기준 상승갭 5%이상	☐	X	▲	▼	↑	↓
✔	C	[일]거래량:1000000이상 9999999990이하	☐	X	▲	▼	↑	↓

조건식 A and B and C　　　▼ ! ( )(⊗) X ?

┼05┼
손실 종목 물량 덜어내기와
스탑 로스 활용하기

주식 거래 중에 가장 고통스러운 때가 언제일까? 바로 큰 손실을 봤을 때다. 주식창을 열 때마다 파란색으로 표시된 손실액을 확인하는 것은 여간 고통스러운 일이 아니다. 매수가보다 오르리라는 기대만으로 버티기에는 심적 부담이 크고 기회비용을 무시할 수 없으므로 '탈출법'을 고민할 필요도 있다.

손실에 대한 일반 투자자들의 대응은 크게 3가지로 나뉜다. 첫째는 손절(손실 상태에서 매도), 둘째는 물타기(하락 중인 종목을 추가 매수해 단가 낮추기), 셋째는 존버(가격이 상승할 때까지 버티기)다.

3가지 방법 모두 투자자에게 심한 고민거리를 안겨준다. 이번에 소개하려는 '물량 덜어내기'는 손실에 대한 4번째 대응법으로, 투자자들의 정신건강과 기회비용을 생각할 때 최선은 아니더라도 차선은 된다고 할 수 있다.

초보 투자자는 확정 손실에 대한 두려움 때문에 손절하지 않고 버티는 경우가 많다. 추가 하락을 확인하고 '물타기'를 위해 2차, 3차 매수를 했을 수도 있다. 그러나 전체 주가가 하락장이거나 종목에 강한 악재가 있으면 이러한 대응은 손실을 키우기 마련이다. 추가 매수로 비중은 늘어났는데 손실액이 커진 상황에서는 손절로 대응하기가 더욱 힘들어진다. 손실이 난 종목의 물량을 조금씩 덜어내는 '물량 덜어내기'는 손실 탈출의 좋은 방법이 된다.

먼저 보유 종목의 물량을 다른 계좌로 옮겨서 분리시킴과 동시에 각각의 물량을 줄인다. 이후 주가 상승을 확인하고 추가 매수를 해서 매수가를 낮춘다. 그리고 매수가 이상의 가격에서 매도를 진행한다.

실전에서 물량 덜어내기는 물타기와 비슷해 보일 수 있지만 다른 면이 2가지가 있다. 일단 일정 물량은 탈출(매수가 이상으로 매도)시킴으로써 비중을 줄인다. 심리적 부담을 줄이는 것은 물론, 기회비용도 살리는 효과를 볼 수 있다.

이제부터 실전에서 활용한 물량 덜어내기 방법을 소개해 보겠다. A 기업의 현재 손익은 −11.42%이고 물량은 182주나. 추가 매수를 하자고 해도 비중이 커서 부담되기 때문에 '물량 덜어내기'로 정리를 시도했다(참고로, 사용한 MTS는 영웅문 S다).

A 기업	-11.42%	182	182

우선 MTS를 열고 '업무'라는 카테고리에 들어가서 '유가증권 대체'를 클릭한다. 해당 종목의 일부(덜어낼 물량)를 다른 계좌로 옮기기 위해서다.

주식	입금	서비스가입안내	증권담보대출	신용대출안내	청약가능종목
지수	출금	계좌등록	매도대출	신용융자가입	경쟁률
로보마켓	이체내역조회	입금	담보비율	대출가입	증거금
펀드ISAWRAP	지정계좌등록	출금	현금/현물상환	매도대출자동	청약입력
ELS채권RP	유가증권대체	타금융기관간이체	중도상환	담보활동의	우대여부
CFD		이체내역조회	만기연장		청약내역
해외주식			제휴기관대출		추가납입
업무					유상청약

그다음에 나오는 '잔고 조회'를 클릭하면 현재 보유 중인 종목 리스트가 나온다. 여기에 종목을 클릭하고 대체 수량을 입력한다(예를 위해 여기서는 82주로 했다). 이어서 입고할 계좌를 클릭하고 '유가증권 대체 신청'을 클릭하면 된다.

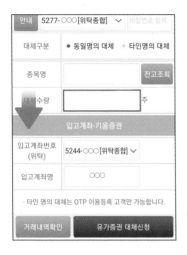 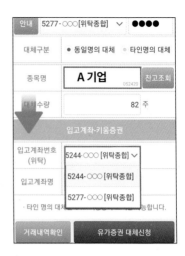

대체확인창의 '확인'을 누르면 일부(대체 수량 82주)가 다른 계좌
로 입고된다.

이후 덜어내기 물량에 물타기를 하면서 적정 매도 타이밍을 잡으면 된다. 하락하던 주가가 추세 전환을 할 때, 저점을 지지해주고 있을 때, 장기 이동평균선을 돌파할 때가 적절한 타이밍이 된다.

이제는 매도를 계획대로 실현할 수 있게 도와주는 스탑 로스 기능에 대해 알아보자.

초보 투자자일수록 수익 실현라인이나 손절라인을 잡았다고 해도 그것을 지키기가 쉽지 않다. 흔히 말하는 '칼익절'과 '칼손절'을 해야 하는데 '조금만 더, 조금만 더' 하며 버티다 수익을 다 반납하거나 손절할 타이밍을 놓치고 존버 상태로 빠져버리고 만다.

이러한 위험을 감수하고 싶지 않다면 증권사에서 제공하는 스탑 로스(Stop Loss) 기능을 이용하길 권한다. 스탑 로스란, '손절매'를 뜻하는데 익절과 손절 모두를 기계적으로 할 수 있는 편리한 기능이 있다. 간단히 스탑 로스 이용 방법을 익혀보자(키움증권의 HTS 기준).

HTS의 검색창에서 '주식 Stoploss[0621]'를 입력하면 '주식 Stoploss 유의사항 및 이용 동의' 화면이 나온다. 가장 아래 '동의'를 클릭한다.

왼쪽 화면에 내가 보유하고 있는 종목이 나오고 오른쪽에 '이익 실현/이익 보존/손실 제한'이 나온다. '이익 실현/이익 보존/손실 제한'을 통해 익절과 손절 타이밍을 미리 세팅해 놓을 수 있다. 기능을 차례로 살펴보자.

첫째, '이익 실현'은 주식을 매수했을 때 원하는 목표가에 도달하면 매도를 실행하는 기능이다. 예를 들어, 1주에 5,000원짜리 주식을 매수하고 10% 상승한 가격인 5,500원에 매도하고 싶다면 이익 실현 주문을 미리 한다. 이익 실현을 클릭하고 이익 실현 아래에 기준가 대비 10% 설정 후 하단에 조건 추가를 클릭한다. 클릭하면 감시 시작 알림창이 나오고 감시하려면 설정된 조건에서 감시 시작을 눌러야 한다고 나온다. 확인을 누르고 진행하면 된다.

둘째, '이익 보존'은 설정한 이익 실현이 안 됐을 때 최소한의 이익을 보전하는 기능이다. 이익 실현 지점보다 낮은 목표 수익 지점에 도달한 후에 주가가 하락하면 자동 매도로 이익을 보존하게 해준다. 5,000원에 매수했다가 5,500원에 매도하고 싶다고 해보자. 이때 이익 보존을 5,300원에 걸어둔다. 주가가 상승하다 5,300원에 도달하고 하락하면 5,300원에서 수익 실현을 하게 해준다.

셋째, '손실 제한'은 손해가 커지기 전에 손해를 감수하고라도 매도하게 하는 기능이다. 예를 들어, 5,000원에 매수했는데 4,500원 이하로 떨어졌을 경우 4,500원으로 손실 제한을 설정하면 실제 4,500원 이하로 주가가 떨어질 때 자동 매도가 진행된다.

지금까지 설명한 3가지 기능 중 초보 투자자들에게 권하는 기능은 '손실 제한'이다. 시장의 등락 폭이 커지면서 하락으로 전환될 때 사용하면 손실 폭을 줄일 수 있다. 더불어 3가지 기능 모두 여러 가지 이유로 적기 매도가 어려운 투자자, 그리고 수시로 주가를 확인하면서 매도 결정을 내리기 어려운 투자자에게 매우 요긴하다고 할 수 있다.

┃06┃
외국인과 기관 따라
매매하기

주가를 상승시키거나 하락시키는 가장 큰 원동력은 '돈의 들어오고 나감'이다. 흔히 이야기하는 수급이 주가를 좌지우지한다. 이 부분에서 개인 투자자들의 영향력은 크지 않다. 전체 총합에서야 외국인이나 기관 투자자에게 크게 뒤지지 않을지라도 각개전투로 움직이기 때문에 큰 힘을 발휘하기 어렵다.

살짝 머리를 써서 외국인이나 기관 투자자들 같은 큰손을 따라다니는 것이 '잃지 않는 방법'으로 통하기도 한다. 특히 호재와 주요 이슈가 생기면 외국인과 기관은 동시에 매수에 참여하기도 하는데 이를 '쌍끌이 매수'라고 부른다. 투신이나 연기금이 매수에 참여하는 경우라면 주가 상승에 대한 신뢰도는 더욱 높다. 이번에는 외국인과 기관을 따라 하며 수익 내는 방법을 알아보고자 한다.

'외국인과 기관 따라 매매하기'는 외국인과 기관이 모두 매수에 가담한 것을 확인하고 매매에 들어가는 기법이다. 의미 있는 박스권 돌파나 전고점을 돌파하며 7% 이상의 양봉으로 종가가 마무리됐을 때 다음 날에 매수에 들어가는 식이다.

차트상으로는 1차 파동 이후 2차 파동이 시작됐을 때에 관심을 둔다. 상승세에서 7% 이상의 양봉이 출현하면 이를 주목하고, 이때 거래량이 전일 대비 2배 이상이 되었는지를 확인한다. 거래대금 (300억 원 이상)이 많으면 많을수록 신뢰도가 더 높아진다. 일봉의 위치는 120일선 위에 있어야 좋다. 1차 매수는 7% 이상의 양봉 캔들을 기준으로 75% 선에서 진행하고, 2차 매수는 50% 선에서 진행한다. 만일 주가가 장대양봉이 나온 캔들의 시가 이하로 내려가면 손절한다.

이제 실전 투자 사례를 살펴보자. 실제 거래 일지를 통해 상황을 복기해 보고자 한다.

다음 페이지의 차트를 보자. 약 2달간 주가가 박스권 안에서 움직였음을 알 수 있다. 그러다 10월 28일에 7.53% 상승으로 마무리됐다. 박스권의 상단은 20,200원에서 고점이 형성됐는데 10월 28일에 이를 돌파하는 장대양봉이 나왔다. 기래량을 살펴보면 최근 3개월 기준으로 상당한 양이었고 전날 대비해서는 2.5배 증가한 양이었다.

주가가 상승했던 원인을 찾아보면 외국인과 기관의 매수세로 수급이 몰렸기 때문이다. 10월 28일을 기준으로 전날과 다음 날도 외국인과 기관이 매수에 가담했다. 외국인과 기관이 동시에 매수해 상승이 나타났다면 다음 날 매매 시나리오를 짜고 매수 관점으로 접근해볼 수 있다.

일자	현재가	등락률	거래대금 ▼	개인	외국인	기관계	금융투자	보험	투신	기타금융	은행	연기금등	사모펀드	국가	기타법인
20/10/29	41,400	0%	19,324	-1,325	+111	+1,771	+1,020	+999	+341			+85	-74		-506
20/10/28	41,400	7.53%	23,644	-4,707	+3,632	+1,028	+253	+3	+740			+56	-25		+30
20/10/27	38,500	2.94%	8,933	-1,947	+439	+1,534	+247	-74	+356			+802	+204		-22

10월 29일에 박스권의 상단 고점을 돌파한 곳 20,200원에 1차 매수를 하고, 이후에 주가가 하락한 후 캔들의 50%인 19,900원에 2차 매수를 했다. 1차 매수와 2차 매수를 하면서 평균 매수가는 20,050원이 됐다.

단기 스윙으로 가져갔다면 약 27%의 수익 실현이 가능했을 것이고, 5일선과 10일선의 지지 여부를 보고 대응했다면 최소 20% 이상의 수익이 가능했을 것이다.

외국인과 기관의 수급이 들어오는 종목을 찾고자 한다면 다음과 같은 검색식을 이용할 수 있다(키움증권의 HTS 기준).

√	지표	내용	값	삭제	▲	▼	↑	↓
☑	A	[일]거래대금(일:백만, 분:천) 100000이상 99999990이하	☐	X	▲	▼	↑	↓
☑	B	주가등락률:[일]1봉전(중) 종가대비 0봉전 종가등락률 7%이상	☐	X	▲	▼	↑	↓
☑	C	외국인 순매수[당일 잠정치] 1000주 이상 9999999주 이하	☐	X	▲	▼	↑	↓
☑	D	기관 순매수[당일 잠정치] 1000주 이상 9999999주 이하	☐	X	▲	▼	↑	↓
☑	E	가격-이동평균 비교:[일]0봉전 (종가 120)이평 < 종가	☐	X	▲	▼	↑	↓

| 조건식 | A and B and C and D and E | ▼ | ! | ( )(⊗) X | ? |